1文が書ければ2000字の文章は書ける

松永正訓

日本実業出版社

「松永文章クリニック」にようこそ

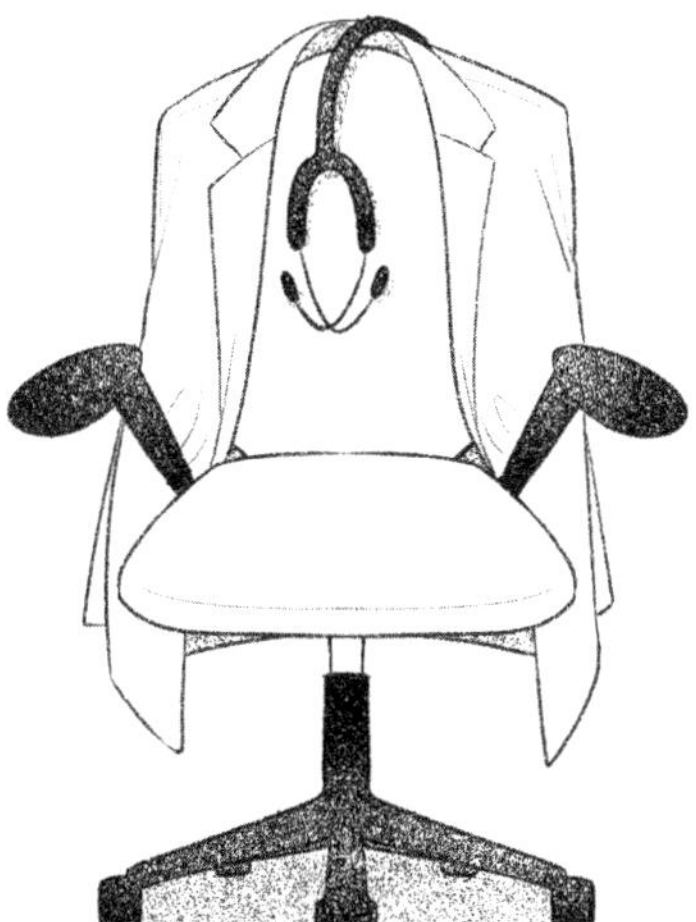

ふだんは小児科医として
患者さんの診察をしていますが、
じつはこれまで15冊の本を
書いている作家でもあります。
その中には、
小学館ノンフィクション大賞を
受賞した本もあります。

いつもは患者さんを診察し、
その症状に合った薬を処方します。
本来なら、読者のみなさん
1人ひとりの文章にも
処方したいのですが、
今回は、おそらくどんな人にも
効き目がある処方箋として
1冊の本にまとめました。

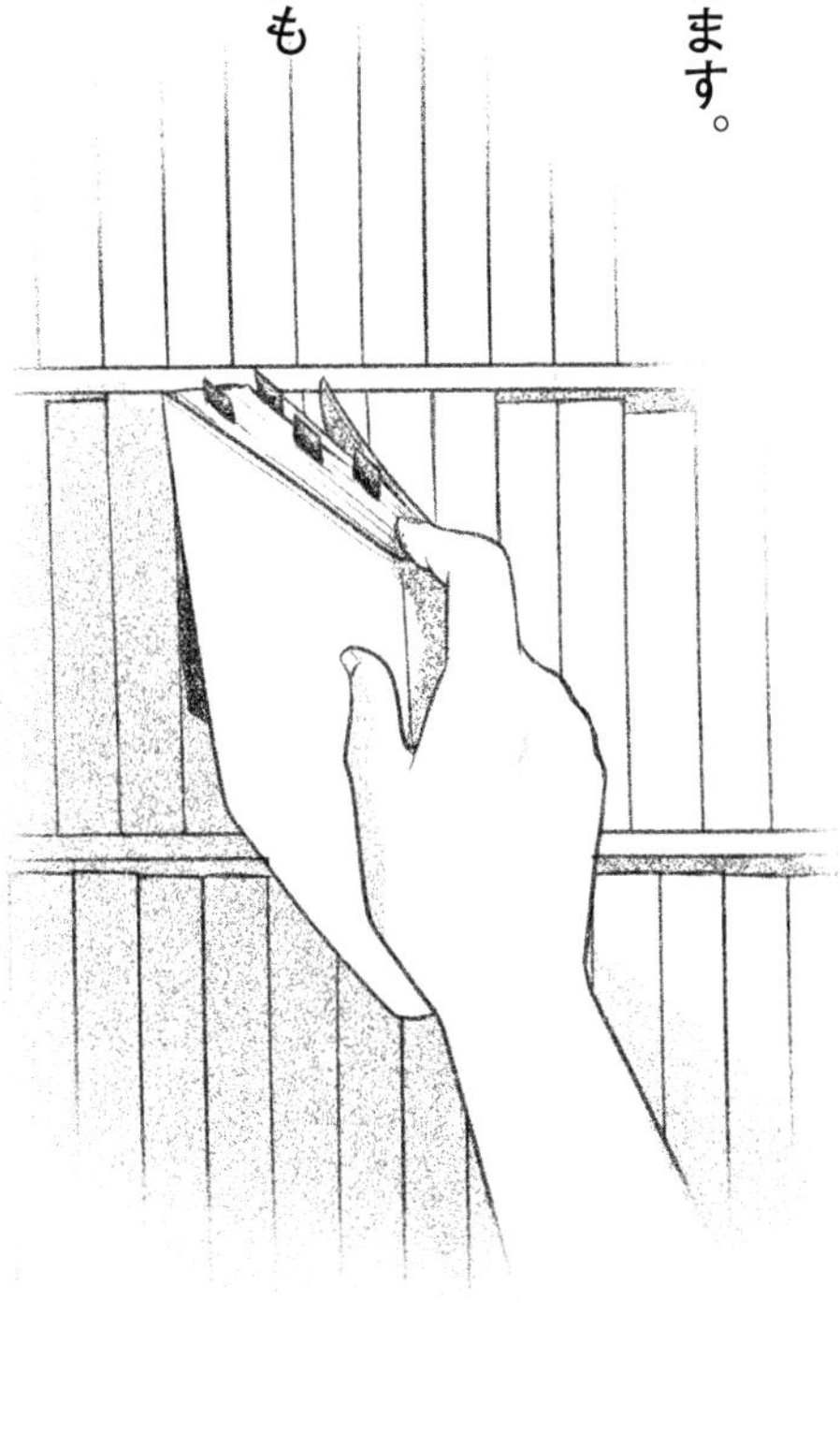

その処方箋とは、次の４つです。

「分かりやすい１文」
「読みやすい１文」
「生きている文章」
「絵が見える文章」

それでは、
これから処方箋の内容を
1つひとつ解説していきながら、
一緒に「いい文章とは何か」について
考えていきましょう。

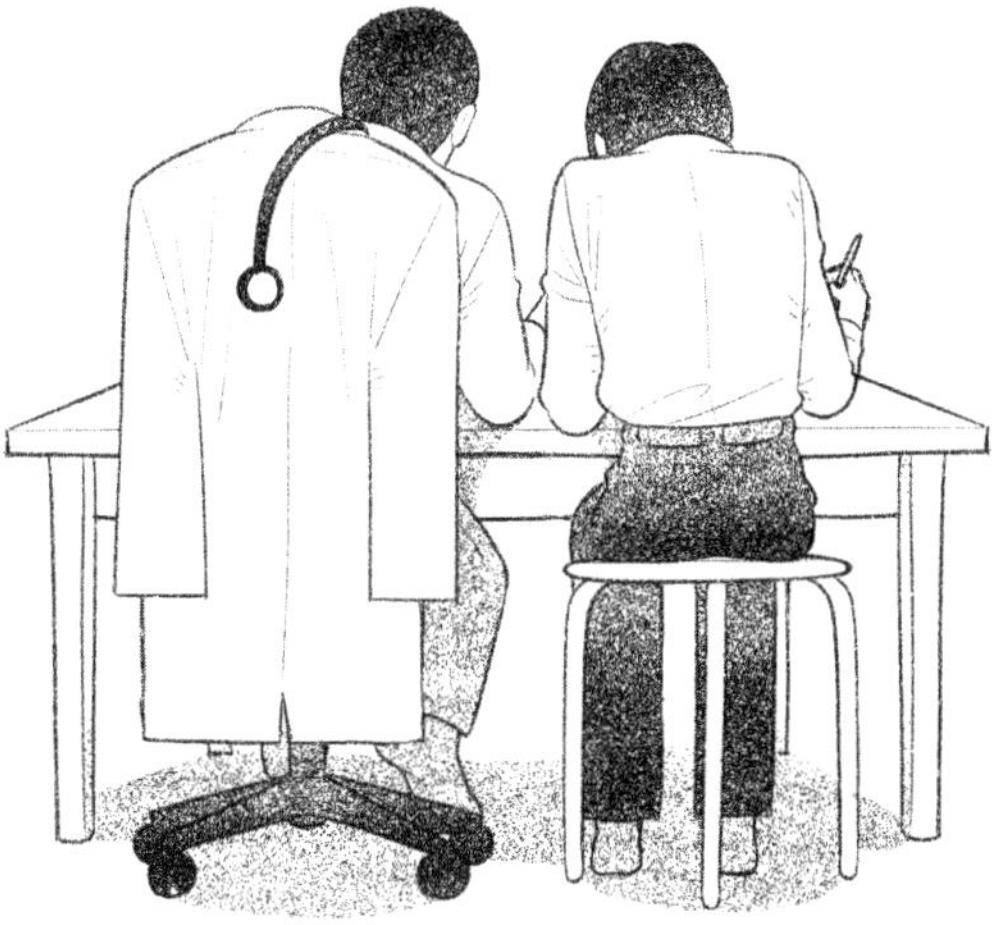

はじめに

Amazonに「文章術」と入力して本を探すと、数えきれないくらいたくさんの本が出てくる。インターネットが隆盛をきわめた今の時代にあって、ビジネスのみならずSNSやブログなどの趣味も含めて文章を書く機会が増えているのだろう。

リモートワークの急増とともに、ビジネスチャットツールでのやり取りなどが増えている。電子メールも同様だ。文字として残るコミュニケーションツールは、ビジネスでは対面以上に重要かもしれない。その際、いかに分かりやすい文章を書いて、相手に自分の意思を伝えるかが大事になる。

学生はどうだろうか。高校生と大学生の決定的な違いは大学生は長い文章を書くことにある。日常的に長文のレポートを作成するし、卒業論文を完成させるのはかなりの作業になる。自分の考えをまとめ、それを分かりやすい文章で表現するためには、それ相応のトレーニングが必要になる。

また、趣味の世界で長い文章を書く人も以前より多い。ＳＮＳでの発信が起点となって、１冊の本を書き切る人も増えてきた。小説は別としても、ノンフィクションの世界ではかつてのようにプロの作家だけが書くのではなく、現場からの発信が増えてきている。出版社もそういった現場にいながら「書ける」人を探していると聞いたことがある。

ビジネスでも勉学でも趣味でも、**うまく文章が書ければ世界が広がる。**書くことで人と人とのコミュニケーションが深くなり、新しい世界への扉が開く。文章を上手に書けるようになりたいと思う人は多いだろう。私自身もそうである。

19年間、大学病院の医局に所属し、数えきれないほどの書類を書いた。科学論文は基本的に英語で書くが、学会発表の抄録《しょうろく》や研究費の申請書は日本語で書く。研修医のとき、初めて書いた日本語の論文（症例報告）を当時の医局長にチェックしてもらったところ、赤字が多数入って書き直しになった。文章には少し自信があったので、軽くショックを覚えた。

医局長の先生からは「相手に分かってもらえるように書け」と何度も指導を受けた。この先生はその後に出世して教授にまでなったので、私は19年間、この1人の先生に分かりやすい文章の書き方を徹底的に叩き込まれた。

自分でもなるべくいい文章を書きたい気持ちが強く、文章術に関する本も医師になってからずいぶん読み込んだ。いろいろな本を参考にしながら、日本語をどう書けば分かりやすくなるのか深く考えてみるようになった。

2006年に開業医になり、翌年から本を書くようになった。ノンフィクションを中心に、平均すると毎年1冊のペースで上梓《じょうし》している。初めて書いた本は、講談社から出版していただいた。友人の仲立ちで編集者に会う機会を得て、そのときに自分の原稿を売り込んだ。

どこの馬の骨とも分からない私の文章を本として出版してもらえたのには、もちろん理由がある。編集者は私に対して「文章を書く何か特別なトレーニングを受けたのですか?」と尋ねてきた。私の文章を高く評価してくれたのだ。私は「特にトレーニングなどは……」と返したが、よく考えてみれば大学病院で19年間、上司に文章を直されたことが最大のトレーニングだったように思える。本は

『命のカレンダー　小児固形がんと闘う』（講談社）、のちに加筆して文庫本『小児がん外科医　君たちが教えてくれたこと』（中公文庫）として版を重ねた。

デビュー作が成功したことで、次々と本を出す機会に恵まれた。また、「小学館ノンフィクション大賞」という賞に応募して、大賞を受賞したこともある。この原稿は、編集者がまったく修正を加えず、応募した原稿のまま書籍化された。やはり文章が評価されてのことであった。

本の執筆のほかにも、最近ではいろいろと原稿を依頼されることがある。紙媒体もあれば、WEB記事もある。

これまでに書いてきた原稿の中で最も読まれたのは、読売新聞オンライン「ヨミドクター」に連載した「いのちは輝く～障害・病気と生きる子どもたち」である。連載は毎回読者から大きな反響があり、そのつどYahoo!ニュースに転載されてトピックスにあがった。連載は40回に及び、「ヨミドクター」とYahoo!ニュースのトータルのPV（ページビュー）は、1億900万を超えた。

なぜそこまで読まれたのだろうか？　最も大きな理由は、障害や病気を持った子どもたちが必死に生きようとする姿が読者を惹きつけたからだろう。同時に、私の文章が悪くなかったことも一因かもしれない。

私が原稿を執筆するときに心がけていることは、何と言っても**「分かりやすい1文」**を書くことだ。**読者にとって、理解が容易で伝わりやすく、誤解のない文**を目指している。

そんなことは当たり前だと思われるかもしれないが、この世の中には読みにくい悪文が意外と多く見受けられる。「分かりやすい1文」を書くというのは実はけっこう難しい。頭を働かせないと、読者にやさしい文は書けない。

私は、「分かりやすい1文」をすべての土台とし、さらに**「読みやすい1文」**を書くことを心がけている。「読みやすい1文」とは、**読んでいて何の抵抗もなく頭に入っていくような、流れのいい文**である。このためにはさまざまな工夫が必要である。

「分かりやすい1文」「読みやすい1文」は文章の基本であり、絶対に「必要」なことである。そしてその上に、**「生きている文章」**と**「絵が見える文章」**を積み上げるとさらに文章がよくなる。

「生きている文章」というのは、**文章にリズム感があって、どんどんページをめくりたくなるような魅力を持っている**ということである。読みよく、読者の手が止まらない文章だ。

「絵が見える文章」とは、**読者が文字を目で追うと、読者の眼前に情景が立ち上がってくるような文章**ということだ。読書で絵が見えるというのは、私が目指すいい文章の１つのゴールである。

「生きている文章」「絵が見える文章」は、ワンランク上の文章技術であり、いい文章を書くうえでとても「大切」なことである。

そうやって書き上げた文章は必ず他人から評価される。メールやブログ、ＳＮＳで文章を書いたときに、人の目に留まる。もちろんビジネスでもあなたの評価につながるだろう。

文章術の本を書く人には、新聞記者などの文章の専門家が多い。医者が書く文章術というのはかなり珍しいかもしれない。浅学非才は承知のうえで、本書で文章術を突き詰めてみたい。理系だからこそ思いつく文章の組み立て方もあるような気がする。長く大学にいた私は、論理の組み立て方を含めて科学的思考法に関してずいぶん鍛えられた。文系の人のようには美しい文章は書けなくても、科学的思考をベースに理詰めの文章を書くことに実は向いているかもしれない。

本書では、新聞記事からいくつもの文章を引用する。そのすべてはデジタル版であることを前もってお断りしておきたい。

本書では、まず2000字を書くことの重要性から話を始めたい。そのあとで1つの文をどう分かりやすく書くかに考察を加え、最終的には1冊の本を書き切るまでのヒントを示していきたい。文章をうまく書きたいすべての人の参考になってくれればうれしい。

1文が書ければ2000字の文章は書ける

目次

はじめに 006

第1章　1文が書ければ2000字の文章は書ける

1 2000字の文章を基本にする 020
2 すべては「1つの文を分かりやすく書くこと」から 024
3 1億PV読まれた記事を書くときに、いつもしていること 027
4 構成は「結論→起→転→承」 031
5 最初に「結論」から入る 039
6 まずシンプルな短い文が書けること、次に長い文に挑戦する 043
7 文章は「出だし」が肝心 050
8 「です・ます」と「だ・である」はどういうとき、どちらを使用するか 054

第2章 「分かりやすい1文」に必要なこと

1 「うまい文章」よりも「分かりやすい文章」が大事 …… 068
2 文章は「かかる言葉」と「受ける言葉」でできている …… 071
3 「長い修飾語が先」で「短い修飾語をあと」にすると分かりやすくなる …… 078
4 「大事でないことより大事なこと」を先に、「詞よりも句」を先に …… 084
5 分かりやすい文とは、結局「理詰め」で書かれた文 …… 091
6 情報を詰め込みすぎない …… 106
7 接続詞も不要なものが意外と多い …… 109
8 段落の作り方 …… 113

第3章 「読みやすい1文」に必要なこと

1 読点(、)の位置で、意味が変わる……132
2 読点が多いと、文章のリズムを狂わせる……135
3 読点のルール……140
4 まず読点のない文章を書いてみて、必要な場所に読点を入れていく……166
5 文が長くなる場合は、複数に分ける……176
6 漢字とひらがなは、どちらも使いすぎずにバランスをとる……182
7 助詞によってニュアンスが変わる……185
8 推敲は大事。語順と読点を再確認する……204

第4章 「生きている文章」に大切なこと

1 リズム感があって、どんどんページをめくりたくなるような文章……208

2 短さにこだわりすぎず、長い文章も混じっていい……213
3 重要性の低い主語は可能な限り削除した方がいい……217
4 主語の省略でリズムが生まれる……223
5 主語と述語の位置関係を分かりやすく……231
6 やめた方がいい8つの表現……235

第5章 「絵が見える文章」に大切なこと

1 読者の眼前に情景が立ち上がってくるような文章……260
2 過去形と現在形を混ぜる……266
3 映像の切り取り方……270
4 比喩を使いこなす……279
5 擬音語を工夫する……285

第6章　2000字書ければ1冊の本も書ける

1　1冊の本を書く前に……290
2　体験したことを書く……305
3　原稿を完成させる……313

おわりに……321

本書で紹介した文芸作品・ノンフィクション作品……323
主な参考文献……324

ブックデザイン　杉山健太郎
ＤＴＰ　藤原政則
イラスト　松永夕露

第1章

1文が書ければ2000字の文章は書ける

1 2000字の文章を基本にする

文章を書くときに、2000字という文字数は1つの基準になる。まず、読み手の立場から言うと、2000字というのは一気に読める分量である。「はじめに」で書いたように、私は読売新聞オンライン「ヨミドクター」に「いのちは輝く」を40回連載して、トータルで1億9000万PVも読まれることになった。この連載は、1回につき2000字くらいだった。それには訳がある。

連載開始前に編集会議を行なったときに、編集長から1回の文字数をおよそ1500字、多くても2000字にしてほしいと注文がついた。編集部が調べたところ、読者の大半はスマホで記事を読んでおり、1500字を超えると読むのをやめてしまう傾向があるというのだ。

この話を聞いて、私はかなり迷った。障害や病気を持った子どもたちの姿を描くのに、1回1500字ではとても足りない。もともと私は短い文章を書くのが苦手である。ただ、編集長がそういう条件を出してきた以上は、従わないわけにはいかない。編集長に確認すると、2000字までならば、読者も読み切ってくれるだろうと言われた。2000字で書くのは自分にとって新しい挑戦だろうと考えて引き受けることにした。

ただ、書き終えてみた今になってみると、2000字というのは、この本を読んでいるみなさんにとっても参考になる数字ではないかという気がする。2000字の原稿を50本書くと、10万字になる。10万字あれば1冊の本の分量になる。では50本をどう書けばいいのか。簡単なことである。毎週1本ずつ書けば1年で50本になる。

また、**書く立場から言えば、2000字という量はハードルが低い。**400字詰め原稿用紙で5枚程度である。この分量なら書けると思う読者は多いのではないだろうか。だから、ふだんから2000字書くことに慣れておくといい。ワンテーマを2000字で書く習慣が確立すると、その先が楽になる。

もし、4000字で文章を書く必要があれば、2000字を1つの単位として

2倍の分量で書けばいい。6000字ならば、3単位である。例を挙げてみよう。

私は最近、朝日新聞DIGITALの「WEB論座」に『開業医は楽してもうけている』って本当か？」という文章を寄稿した。編集部から何文字でという指定はなかったが、論座にはある程度長い文章が掲載され、読者もそれをしっかり読み込むという文化がある。ほかの著者の文章を見ても大体4000字くらいで書かれている。

そこで私は、3980字の原稿を提出した。テーマは、開業医が「楽して「もうけている」のが本当かどうかであるから、2つのサブテーマを2000字ずつに分けて文章を練った。開業医の仕事が楽かどうかを約2000字で書き、実際にもうけているると言えるのかを約2000字で書けば、4000字の文章になる。こう考えながら文章を作ると、4000字が苦にならない。

私の娘は大学に入ってすぐに、いきなり1万字のレポートを書かされた。テーマは「選択的夫婦別姓」について。彼女は資料を読み込み論文を書き始めたが、4000字くらいで頓挫した。泣きが入ったので、私は助言を与えた。サブテーマを5つ設定して、それぞれ2000字で書いてみなさいと。彼女は、「賛成派の主張」「反対派の主張」「欧州の事情」「アメリカの事情」「日本人の民意」をそれぞれ2000字で書き、「導入部」と「結論として自分の意見」を付け、1万1000字の論文を提出した。

1万字書けと言われれば苦しい。だが、2000字を5つならば誰でも書ける。

では、2000字を支える基礎はなんだろうか。

2 すべては「1つの文を分かりやすく書くこと」から

2000字の基礎は、1つの文である。分かりにくい文は、それだけで文章全体をダメにする。たった1つの文が悪文であると、読者はそこでつかえて先に進めなくなる。たとえば、次のような文を読んだときに、すぐに意味がとれるだろうか。

私はどんなときでも慌てず騒がず威風堂々としている教授がおどおどしながら様子を伺っている医局員の前で短時間で肝臓を切除する手術をやってのける場面を目を瞠《みは》りながら見つめていた。

これは典型的な悪文である。ではなぜこれが悪文で、どうすれば読みやすくなるのだろうか。理由は2章と3章で詳しく述べていきたい。2章では「語順」について、3章では「読点（テン）の使い方」について解説する。

悪文には悪文である理由がある。その理由を明確にしていけば1文がきれいに整う。そうは言っても、分かりやすい文を書くということは実はなかなか難しい。悪文は、メールでもSNSでもしょっちゅう見かける。いや、プロが書いた新聞でも書籍でもあらゆる所に散見される。

そこでまず、**分かりやすい1文を書く**という心構えが重要である。1つの文は、言ってみれば1つのレンガである。レンガを積み上げて1つの壁を作るとする。レンガに歪みがあったり、欠けた部分があったりすると、壁にならずに崩れる。丁寧な1つの文、1つのレンガが積み上がれば、それは2000字という壁になる。

例に挙げたような分かりにくい文が混じると、2000字を書き切ることはできない。逆の言い方をすれば、**分かりやすい1文がしっかりと常に書ければ、誰にでも2000字は書ける。**

そして壁を縦横に組み合わせれば家ができる。これが1冊の本である。つまり、文章を書くうえで最も大事なのは、**1つの分かりやすい文を書くこと**と、**ワンテーマで2000字を書き切ること**である。これができれば、どんな長さの文章でも書くことができる。

分かりやすい1文が書ければ2000字が書ける。2000字が書ければ1冊の本だって書けるというのが私の考え方だ。

3 1億PV読まれた記事を書くときに、いつもしていること

読売新聞オンライン「ヨミドクター」に連載した「いのちは輝く」をどう書いたかを説明しよう。この連載は、毎月2本の記事を約1年半にわたって連載した。では、毎回そのつど書く内容を考えていたのか。それは違う。連載が始まる前に、全部の構成をすでに作り上げていた。

1年半の長丁場を継続するために最も重要なことは、**「いかに書き始めないか」**である。とりあえず第1話から書いてみようというのは最もよくない。そういう書き進め方をすると、連載の序盤と終盤とで作者のメッセージにズレが出たり、全体を通しての旋律が乱れたりする。障害や病気の子どもたちの命がいかに尊いかを書きたいわけであるから、連載の全体を貫く一本の背骨のようなものを作っておく必要がある。

そこで連載開始前に約40回分の目次を作る。最も大きなテーマは、障害や病気を持つ子どもと家族、そして医療者の姿を描くことである。さらにその下に、3つのテーマを作った。それは具体的に、

① 家族が障害をいかに受容するか、もしくは受容できないか
② 障害や病気があまりにも重いとき、医療者が治療の継続・停止について悩むこと
③ 出生前診断で命を選ぶことは正しいのか否か

である。こうして中項目を3つ作れば、毎回の原稿のテーマも考えやすくなる。各項目でそれぞれ10数個の話を考えれば全体として40回分の物語になる。こうして「いのちは輝く」では、書く前に十分に構想を練った。

「いかに書かないか」は、全体の計画の話だけではない。月に2本の原稿を書くときも私は安易に書き始めない。文章読本には、よく「まずは書け」「とにかく書き始めよ」という指南が多い。1文書けば2文目が思いつくから、書けるとこ

ろからまず書けと言う。また、まとまりのない文章を書いても、あとから文同士の論理的つながりを考え直して過不足を補えば文章がまとまってくるとも言う。本当だろうか。

これは私だけの方法かもしれないが、2000字の原稿の内容を、隙間《すきま》時間を使って頭の中でどんどん書いていく。風呂に入っているとき、食後にお茶を飲んでいるとき、クリニックで患者が途切れた時間帯などを使う。表現がよくないときは、頭の中でどんどん修正していく。文章を推敲《すいこう》しながら、未熟な文章を育てていく。この方が早く的確にいい文章ができあがっていく。

頭の中で文章が概ね完成したら、それを忘れないうちに一気にタイピングする。つまりタイピングしながら文章は考えない。文章はすでに頭の中に存在しているのである。**文章を練るのと、文字を書く（タイプする）のを別の作業として実行した方がいい文章が書ける。**

こう書くと私が難なく文章を書いているように見えてしまうかもしれない。だが、長丁場では行き詰まることもある。また本業（医師としての仕事）が忙しいと筆が進まないことがあるのも事実だ。そういうときに毎日書き続けられる方法を

1つ紹介しよう。

それは、その日の執筆時間の終わりに、**キリのいいところまで「書かない」こと**だ。10書けることがあったら9で止めておく。そしてワープロソフトを閉じないで保存してバックアップを取ったら、そのままにして翌日に持ち越す。

こうすると、翌日に続きを書こうという動機づけが生まれ、すんなりと執筆に入っていける。残りの1を書いても当然余力が残っているので、また次の10の9くらいまで書き進めることができる。これを繰り返す。

私は大学病院に勤務していたとき、その日にできることはその日のうちに完結させることをモットーとしていたが、本を書くようになってから途中で書くのを止めることを覚えた。

いかに書かないかが書けるようになるための秘訣である。参考にしてほしい。

4 構成は「結論→起→転→承」

では2000字の原稿をどう書けばいいだろうか。短いツイッターやブログとは異なり、2000字になると**物語る「構成力」**が必要になることは容易に想像がつくだろう。構成力と言えば、起承転結を思い浮かべる人も多いのではないか。江戸時代後期の漢詩人・頼山陽《らいさんよう》の俗謡とされる次の文が、文章読本ではよく引用される。

起　大阪本町　糸屋の娘
承　姉は十六　妹は十四
転　諸国大名は　弓矢で殺す

結　糸屋の娘は　目で殺す

確かに4行の詩であれば、起承転結できれいに形にはまるであろう。しかし今は2000字の原稿を書こうとしている。もう少し長い話で起承転結を考えてみる。『鶴の恩返し』を例にとろう。

起　若者が山を歩いているときに、罠にかかって動けなくなった鶴を見つけ助けた。ある日、美しい娘が若者の家を訪ねてきた。娘は道に迷ったので泊めてくれという。何日も一緒に暮らしているうちに、娘は夫婦になりたいと言い、2人は仲良く暮らす。

承　生活が苦しい若者は晴れやかな正月にしたいと嘆く。娘ははたを織りたいので、はた場を作ってほしいと頼む。そしてはたを織っている姿を絶対に見ないでくれと若者にお願いする。はたは高く売れる。

転　はたを買った呉服屋が、はたを織っている姿を見られないのはおかしいと言い出す。若者は気になって、約束を破りはた場を覗いてしまう。そこには鶴の姿があった。

結　鶴は、正体を知られたからにはここにいられないと姿を消す。若者が家の外に姿を追うと、鶴が空に飛んでいくのが見えた。

簡略にまとめるとこういう粗筋《あらすじ》になるだろう。この4段構成の中で、最もまどろっこしいのは「承」の部分だろう。スマホで2000字を読む時代にあって、「承」は読者の興味を削ぐ。私ならば、3段構成で原稿を書く。序破急もその形の1つである。

序破急の考え方は、構成とテンポである。序は導入部でテンポはゆるやか。破は中間部で話が展開し勢いがつく。急は結末でスピードアップする。

『いのちは輝く』の中から小児がんと闘った千里《ちさと》ちゃんの物語の粗筋を紹介しよう。

序　千里ちゃんはお腹の中に小児がんがあった。がん細胞がホルモンを産生し、千里ちゃんは高血圧・心不全の状態になっていた。抗がん剤がよく効き、腫瘍が小さくなったところで手術を行ない、腫瘍を摘出した。術後も抗がん剤の投与を継続した。

破　ある日の回診で、千里ちゃんの顔色が悪くなっていた。息をしていない。心停止が起きた。千里ちゃんをＩＣＵに収容し懸命に蘇生を行なった。一命を取り留めたが、千里ちゃんは意識が戻らず寝たきりになった。

急　さらにお腹の中で腫瘍が再発してしまった。これ以上の治療は難しいと私たちは考えた。しかし家族はどうしても命を救ってほしいと訴えた。再度の手術と抗がん剤治療を行い、がんを完治させることができた。

ただ、私は、物語には詩情が残らなければならないと考えている。この千里ちゃんの物語にも、その後の家族の姿が余韻として短く書かれている。そうすると、私の2000字の書き方のスタイルは、3段構成に余韻を足すという形になっていることが分かる。

さらに私は文章のリードの部分で、結論を先に述べてしまうことが多い。通常のリードは読者の興味をそそるような前振りをして、ネタバレは控える。しかし、私は結論を書いてしまうことで一気に読者の注目を引く。

以上をまとめると3段構成プラス余韻は、次のような形になる。

結↓起↓転↓承

最初に結論から入る。次に5W1Hで状況を起こす。そしてすぐに話が転じる。最後には余韻を書き足し、全体を承《うけ》る。

例を示してみる。この連載で最も読まれたのは「口唇口蓋裂《こうしんこうがいれつ》を受け入れられなかった家族」という回だ。先天性食道閉鎖として生まれてきた赤ちゃんに対して緊急手術が必要な状況にあるものの、家族が口唇口蓋裂という顔面の奇形を受け入れられず手術を拒否する話である。

冒頭は次のような文章で始まる。

> 医師として関わってきた多くの子どもの中には、忘れられない子が何人もいます。その中で、最悪の記憶として残っている赤ちゃんがいます。障害児の受容は簡単ではないことは言うまでもありませんが、それが「死」という結果になった子がいました。
>
> 『いのちは輝く　わが子の障害を受け入れるとき』松永正訓／中央公論新社

「死」という結末を冒頭で書くことで、読者を私の2000字の世界に引っ張り込んでいるのである。この出だしが結である。以下、起↓転↓承の粗筋は次のように進む。

起　先天性食道閉鎖の赤ちゃんが入院してくる。食道が閉じているので一刻も早く手術が必要である。さらにこの赤ちゃんには口唇口蓋裂があった。私たちは手術の必要性を説明し、手術承諾書をもらおうとした。

転　ところが家族は手術を拒否する。口唇口蓋裂が受け入れられないという。児童相談所の職員を交えて家族を説得するが、手術の同意は得られなかった。点滴だけの赤ちゃんは弱っていき、やがて命が果てる。

承　家族が手術を拒否したとき、病院はどう対応すべきか考えるべきではないか。もっと別な方法で家族を説得することはできなかったのか。このことは、私の心に暗い影を落としている。

この流れが、私の考える2000字の書き方だ。

5 最初に「結論」から入る

私がこういう形に辿り着いた理由に、科学論文の書き方がある。科学論文は（当然英語で書く）、次のような構成からなる。

・Introduction（序論・導入部）
・Materials & Methods（材料と方法）
・Results（結果）
・Discussion（議論・考察）

科学論文なので、Results に何か新しい発見が書かれていないと話にならないが、実は科学で一番重要なのは Introduction である。その実験が何を成し遂げようとしているのか、それによってどういうメリットがあるのかを書くのがIntroductionである。

たとえば、山中伸弥先生がiPS細胞の確立を報告した「Cell」の冒頭には実験の意義がしっかりと書かれている。次のようなことだ。従来のES細胞（胚性幹細胞）は、受精卵を壊して取り出すという生命倫理的な問題がある。さらにES細胞は、他人の細胞なので再生医療に使うと拒絶反応が起きる危険がある。自己の細胞を初期化して多能性幹細胞にすれば、それらの問題をすべて解決できる。

こうした書き方は科学の世界では常識であり、一番価値のあることを最初に書くことが鉄則になっている。私自身もそういう論文をいくつも書いてきた。そうした習慣が、「結→起→転→承」という発想につながっているのだろう。

もう1点付け加えると、タイトル自体もネタバレだし、結論を示している。「口唇口蓋裂を受け入れられなかった家族」と書くことで、受容ができなかったということが読者に伝わるし、続く冒頭の文章でそれがはっきりする。

ちなみに1990年頃までの科学論文のタイトルというのは、どういう実験を行なったかを表現していた。例えば、「肺がんの予後に関係する○○遺伝子の役割」みたいな形だ。これが1990年以降は、主語→述語の形で結論を言い切ってしまうタイトルが少しずつ増えてきた。「新しく発見された○○遺伝子は肺がんの予後を的確に予測する」のような形である。つまりタイトルで人々の興味を惹いてしまうのだ。

「口唇口蓋裂を受け入れられなかった家族」が爆発的に読まれた理由は、ショッキングな内容もさることながら、タイトル自体のインパクトと「結→起→転→承」という流れが読者の心をつかんだことにあると考えている。

まず結論を示すという形式と真反対なのは、タイトルやリードで読者の関心を惹こうとするやり方だ。このスタイルは以前からよく見かけるが、最近では新聞のデジタル版でも見るようになった。例えば、安倍元首相の国葬に関する国会閉会中審査を報じる記事で朝日新聞は「『民主党出身の元首相なら国葬する？』岸田首相の答えは」というタイトルを出した（2022年9月8日）。

タイトルに釣られて記事を読んでみると、岸田さんは「その都度適切な判断を、ときの内閣が責任をもって判断していく」と答えている。まったくおもしろくも何ともない。読んでいる方は、騙されたような気分になる。こういう記事を一度読まされると、二度と読むまいという気持ちになってもおかしくない。最もおもしろいことは最初に明示し、もしそういう内容がないのであれば、読者を騙すようなことは絶対にしてはいけない。

6 まずシンプルな短い文が書けること、次に長い文に挑戦する

文章術の本には、文を可能な限り短くせよという助言が多い。文はシンプルであればあるほど読みやすいという指摘だ。これはまったくその通りだと私も思う。私の1文も短いものが多い。シンプルな短い文を基本とすることは、間違いなく正しい。

だからまずは短い文を書いて基礎を固めてほしい。40～60字くらいが一番読みやすいし、書きやすいという指南もある。自分が書いている文字数をいちいち数えている人はまずいないと思うが、参考になる意見ではある。

自著から短い文を次々に繰り出している部分を引用してみる。私が若い頃に留学を目指す場面である。「神経芽腫《しんけいがしゅ》」というのは小児がんの名称だ。

神経芽腫の研究の総本山はアメリカのフィラデルフィア小児病院の研究室だった。ここのレベルは世界一である。ただ、日本人の留学生をほとんど受け入れてなかった。ウワサでは、最先端の研究情報が日本に流出するのを防ぎたかったという話だ。

一方、オーストラリアのシドニーに新興勢力があり、いい論文を次々に出していた。シドニー！　いいじゃん。2000年にはオリンピックも開催される。ぼくはシドニーに留学したいと思った。研究のリーダーは、ニューサウスウェールズ大学のグレン・マーシャル先生。では、この先生とどうやってコンタクトを取るか？　ぼくにはマル秘作戦があった。

1998年10月に横浜で国際小児がん学会が開催された。これはぼくにとって初めての英語でのプレゼンテーションだ。そしてこの学会にグレン・マーシャル先生も参加していた。ぼくのマル秘作戦とは、アポ無し突撃である。

『患者が知らない開業医の本音』松永正訓／新潮新書

３７４文字の文章は、16個の文でできている。１文平均23文字である。分かりやすく読みやすいと言えるだろう。誤読されることもない。こういった短文を積み上げていくのが文章の基礎になる。

基礎が固まったら長い文に挑戦してほしい。長い文を書くためには、短い文を書くとき以上に分かりやすさを意識するので、作文の技術が上がる。実際、長い文でも分かりやすい文というのはいくらでも存在する。例えば次のような例はどうだろうか。

山口県阿武町から誤って入金された４６３０万円のうち４００万円を別の口座に振り替えたとして、住民の○○○容疑者（24）が電子計算機使用詐欺の疑いで逮捕された事件で、同容疑者が大半の金を振り替えていた決済代行業者から3500万円余りが町の口座に返還されたことが、町関係者への取材で分かった。

朝日新聞 2022年5月23日から引用。容疑者名は伏せた。

「～～として」「～～で逮捕された事件で」「返還されたことが」「～～で分かった」という流れは実にスムーズである。143文字あっても、読者には何の問題もなく読めるだろう。

ランタンを夜空に飛ばすクリスマスイベントを中止したのに代金を返さないのは不当だとして、NPO法人「消費者支援機構関西」（大阪市）が5日、消費者被害の一括救済をめざす消費者裁判手続き特例法に基づき、神戸市内のイベント運営会社を相手取り、代金相当額の支払い義務があることを確認する訴訟を大阪地裁に起こした。

朝日新聞　2023年4月5日から引用

この記事も151文字あるが、読みやすい。「〜〜は不当だとして」「〜〜が5日」「〜〜に基づき」「〜〜を相手取り」「〜〜訴訟を〜〜に起こした」という流れにはほとんど淀みがない。前から後ろへ後ろへと流れる文は、長くても読みやすい。特に時系列になっている文はそうだ。次の作例を読んでみてほしい。

昨年から仕事が激増した私は、毎日毎日イヤな思いをしているうちに、少しずつ気分が塞ぎ込んでいき、朝起きるのがどんどんつらくなってしまい、しだいにうつっぽい状態に陥り、この先満足に仕事ができる気がしなくなっていき、あまり誰とも会話しないようになっていった。

128文字あり、やや長いが問題なく読める。過去から未来に向かって心の動きが一方向になっているからだろう。これを句点（マル）で刻んで、リズムを作るのもテクニックの1つだが、長いから悪いとは言えない例になっているだろう。

文芸作品にも長い文を見かける。次の例は大江健三郎さんの『奇妙な仕事』の冒頭の文章である。

附属病院の前の広い舗道《ほどう》を時計台へ向かって歩いて行くと急に視界の展《ひら》ける十字路で、若い街路樹のしなやかな梢《こずえ》の連《つらな》りの向こうに建築中の建物の鉄骨がぎしぎしし空に突きたっているあたりから数知れない犬の吠《ほ》え声が聞こえて来た。風の向きが変わるたびに犬の声はひどく激しく盛り上がり、空へひしめきながらのぼって行くようだったり、遠くで執拗《しつよう》に反響しつづけているようだったりした。

『奇妙な仕事』大江健三郎／新潮文庫『見るまえに跳べ』に収載

この105文字と73文字は人によっては読みにくいと感じるかもしれない。しかし私はそうは思わない。景色の見え方が一方向だからである。「歩いて行く」→「視界の展ける」→「向こうに」→「あたりから」→「吠え声が聞こえて来た」という流れには無理がない。2つ目の文も、「〜〜だったり」「〜〜だったりした」と並びがまとまっている。

では、短い文と長い文のバランスはどう考えればいいのだろうか。文をとにかくシンプルに短くすることにこだわると、全体の文章構成が味気なくなると私は考える。短い文の羅列は極端なことを言えば箇条書きのようなものだ。

いわゆる実用本といわれるジャンルの本の中には、分かりやすさを優先してシンプルな文章が並び、読み応えのない作品がある。実用本を読むのに楽しさは必要ないという意見もあるかもしれないが、私の考えは少し違う。おもしろくてためになるから読者の心に残るのではないだろうか。著者の熱意とか息遣いが伝わって初めて、本はメッセージ性を持つ。

長い文もぜひ練習した方がいい。

7 文章は「出だし」が肝心

出だしは重要である。先に、結論をまず述べよと書いた。読者の心をつかむためである。まわりくどい話をすればすぐに読者に見捨てられる。最初からグイグイ読者を惹きつけることが大事になる。

角岡伸彦さんの『ピストルと荊冠《けいかん》〈被差別〉と〈暴力〉で大阪を背負った男・小西邦彦』（講談社）は、部落解放同盟支部長であると同時に反社の人物であった小西邦彦の生涯を描いた評伝である。本は次の1文で始まる。

小西邦彦は、屈強な体格と血気にはやる性格の持ち主だった。

そしてすぐに彼ならではのエピソードが披露される。それは当時横綱の千代の富士のタニマチだった小西邦彦に対して、横綱がきちんと対応しなかったことに小西が激怒し、横綱の髷《まげ》をつかんで蹴り上げたという話である。プロの格闘家、それも横綱の髷をつかむなど尋常な人間ではない。誰もがそう感じるだろう。非常にインパクトが強い出だしである。

私の原稿からも引用してみる。拙著『患者が知らない開業医の本音』（新潮新書）は、私が開業医になってから経験した話が次々に出てくる。開業医の舞台裏を綴った作品だ。

この本の紹介文を『波』という雑誌に掲載するので原稿を書いてくれと、新潮社の編集部に頼まれた。本の宣伝だから、１人でも多くの人に読んでもらいたい。すると出だしがすべてである。

よくあるパターンは、「あなたは開業医の舞台裏を知っているだろうか？」という問いかけ形式である。これはありきたりでつまらない。読む方は「またか……」という気持ちになる。

こういうパターンもある。「世間のイメージとは異なって、毎日苦労の連続の仕事がある。言われているほど収入も多くない」と謎をかけ、「これは実は開業医のことだ」と答えを示す形式である。新聞一面下段のコラムにこういう書き方をよく見る。これも定型化している。はっきり言って、つまらない。「問いかけ形式」も「謎かけ形式」もやめて、私は次のように書いた。

ちょっと驚いてしまった。と言うのは、本書を作っている途中で編集者から「開業医には成功者のイメージがある」と聞かされたからだ。いやいやいやいや、それはない。みなさんはそんなふうに思っているのかな？　開業医になって16年。ぼくは自分のことを成功者と思ったことは一度もない。

『波』2023年2月号　松永正訓／新潮社

『患者が知らない開業医の本音』を書く（作る）過程で最も驚いた言葉が、編集者の「開業医には成功者のイメージがある」だったので、その驚きを先頭に持ってきたのだ。ある意味で素直な方法だが、けっこう読み手の興味を惹くのではないだろうか。

読者の心をつかむにはいろいろな方法がある。出だしの一歩は本筋への導火線となる。工夫のしがいのある大事な部分なので、みなさんもぜひ頭をひねって考え出してほしい。

8
「です・ます」と「だ・である」はどういうとき、どちらを使用するか

語尾を「です・ます」にするか、「だ・である」にするかは悩ましい問題である。どちらを使用するかによって文章の印象はがらりと変わる。「です・ます」は、敬語の中の丁寧語で使われる語尾表現で、これを敬体という。「だ・である」は常体だ。

あなたが文章を書き始めるときに最初に決めなければいけないのは、「です・ます」「だ・である」のどちらを選ぶかだ。

結論を最初に書いてしまえば、「だ・である」で書くよりも、「です・ます」で書く方が難しい。それは語尾のバリエーションが少なく、表現が単調な繰り返しに陥るからだ。

日本語の文末は4種類の終わり方がある。

①be動詞＋名詞
②動詞
③形容詞
④形容動詞

まず①から説明しよう。

私は外科医だ。

という文は、「です・ます」を使う場合、

私は外科医です。

という言い方しかない。一方で「だ・である」の場合、

私は外科医である。

という言い方もできる。これだけでも、「だ・である」では変化をつけることが可能である。さらに「である」を使った場合には、より強い気持ちを押し出すことができる。この差は大きい。

②の動詞もかなりバリエーションの差が出る。動詞は大雑把に言って、「名詞＋する」という形と、「書く」のような動詞そのものの形がある。

「名詞＋する」の場合、「です・ます」を使うと語尾に変化が出ない。

彼は毎日作業します。

「だ・である」の場合、

彼は毎日作業する。
彼は毎日作業するのだ。または、彼は毎日作業するのである。

となり、変化をつけられる。すると繰り返しの表現を避けることができ、また、「するのだ」「するのである」という言い方には言外に「何と」とか「驚くべきことに」というニュアンスを含ませることが可能になる。一般の動詞では語尾の変化がさらに顕著になる。例えば、次の動詞を考えてみる。

遊ぶ　跳ねる　くっつく　飲む　闘う

「です・ます」で表現すると、これらは、

遊びます　跳ねます　くっつきます　飲みます　闘います

となり、すべて語尾が「ます」になる。一方、「だ・である」の場合は、それぞれ「遊ぶ」「跳ねる」「くっつく」「飲む」「闘う」となり、大きな違いが出る。

③を飛ばして先に④の形容動詞を説明すると、これも①と同様である。

彼はとても熱心です。（です・ます）
彼はとても熱心だ。彼はとても熱心である。（だ・である）

最も表現に悩むのが、③の形容詞である。
形容詞は、「美しい」「正しい」「鋭い」「うっとうしい」と語尾が「い」で終わる。「だ・である」体を選んでも、語尾はそのまま「い」になる。では、「です・ます」体の場合、どう書くか。

その宝石は美しいです。
教授の意見はいつも正しいです。

メスの先端が鋭いです。
そういう言い方はうっとうしいです。

こういうふうに書くだろうか。私は書かない。形容詞の後に「です」を付けると、とたんに表現が拙《つたな》く見える。したがって、「です・ます」体で文章を書くときに、形容詞に突き当たると文脈に応じて言葉を少し足す。ちょっと遠回りになるがしかたがない。

次の文章の傍線部に注目してほしい。

小児科医・小児外科医にとって神経芽腫は超えるべき大きな壁です。治療法は1つでも多い方がいいことは間違いありません。これまでの常識を覆すような治療成績を待ち望んでいます。

お分かりになると思うが、「多い方がいいです」とは書かない。ここは言葉を足し、遠回りになっても「多い方がいいことは間違いありません」と書く。その方が、文として洗練度が明らかに上がる。

これを「だ・である」で書くのであれば、こうする。

小児科医・小児外科医にとって神経芽腫は超えるべき大きな壁だ。治療法は1つでも多い方がいい。これまでの常識を覆すような治療成績を待ち望む。

以上の①から④までの説明は、時制が現在形でも過去形でも基本的に同じである。

ルポルタージュなどのノンフィクションでは「だ・である」が使われることが明らかに多い。「だ・である」の持つ断定的で力強い言い切り方は読者に対して説得力を持つのだろう。鎌田慧《さとし》さんの『自動車絶望工場　ある季節工の日記』（講談社文庫）の出だしはこうである。

一九七二年九月一二日　火曜日　一五時三一分。定刻どおり新幹線名古屋駅に着く。指定された集合場所、「出札口を出たところの壁画の前」は、農村から出て来たらしい団体観光客でごった返していた。下着や着換えなどを詰めたバッグをぶらぶらさせながら近づいて行くと、まず、ナショナルの旗が見え、それに気を取られて歩いていると、目の前に「トヨタ自動車工業株式会社」の幟《のぼり》が立っていた。

これを「です・ます」体で書いたら、文章がまったく締まらないはずだ。ビジネス書などの実用本は、「です・ます」でフレンドリーに読者に語りかけたり、「だ・である」で切れ味するどく推してきたりとさまざまだ。

小説でも両者があるようだ。ただ、恋愛小説のように詩情にあふれた文章では「です・ます」が使われていることがよくある。例を示すので、『自動車絶望工場』と雰囲気の違いを確かめてほしい。主人公の「わたくし」が、想いを募らせる女性と駅で別れる場面だ。

間もなく急行列車が勢いよく入って来ました。わたくしは動きようのない身体をひきずってほとんど夢遊病者のように、自分のコンパートメントに入ってゆきました。

わたくしは無意識のように窓をあけました。あの人が一間ほど向こうに立っていました。紺の波の模様の縮緬《ちりめん》の浴衣《ゆかた》がボーッとかすんで。ああ忘れないために、わたくしは視力さえ失った眼で、あの人の顔を見ようとして、どんなに眼を見ひらいたことでしょう。

『天の夕顔』中河与一／新潮文庫

ここで見られるようなリリカルで情趣にあふれた文章は、「です・ます」体でこそ表現が可能であろう。日本語はこのように、語尾をわずかに変化させるだけで文章の味わいをがらりと変えてしまう。

もし、どちらの文体で書くか決めかねるテーマであれば、私は「です・ます」体で書くことを勧める。理由はこれまで述べてきたとおり、その方が難しいからだ。もし文章力を向上させたいという意欲があるならば、「です・ます」体を選んで、書くことに苦労したほうがいい。

本章の最後に、「です・ます」に「だ・である」を混ぜる技術について書きたい。もちろん、文章の全体に両者が混じっていれば、それはおかしな文章だろう。しかし「です・ます」で書かれた文章の中において、ある1点に「だ・である」を挟むと非常に効果的なことがある。自著から引用する。これは小児がんの手術後に、子ども（達也君）の腹の中で出血が止まらなくなってしまった場面だ。

私は307号室に入りご両親に軽く黙礼すると、聴診器を手に達也君の方に向きました。そして達也君のお腹を見て、ぎょっとなりました。青いような黒いようなお腹が、はち切れんばかりに膨れ上がっている。お腹の中で出血が続き、病棟に帰って来てわずか数時間でこのようになっていたのでした。

『小児がん外科医』松永正訓／中公文庫

「腹が膨れ上がっている」場面を「だ・である」体で書いたのは、私が目にした光景の衝撃を強調する意味がある。全文章を通して語尾を統一すべきという固定観念に囚われる必要はない。大事な場所で語尾を変えることでインパクトを与えることができるということは知っておいた方がいい。

第2章

「分かりやすい1文」に必要なこと

1

「うまい文章」よりも「分かりやすい文章」が大事

うまい文章を書く作家がいる。私の友人のノンフィクション作家にもそういった人が何人もいて、うまい文章を読んでいると嫉妬すら覚える。うまい文章を書くことができるのは、おそらく「才能」であろう。これは天性のものだ。

だが、凡人にも「努力」しだいで「分かりやすい文章」を書くことは可能だ。うまい文章はプロに任せておけばいい。われわれは分かりやすい文章を目指すべきである。**何より、分かりやすい文章は読者の胸にすとんと落ちる。**うまい文章でも難解であれば、読者の心に響かない。分かってもらえなければ、文章は何の意味も持たない。

「知の巨人」と呼ばれた立花隆さんは、長い文筆活動の過程でだいぶ文体が変わったように私には思える。立花さんの知識は広く深く、政治から宇宙、分子生物学・物理学・脳死問題・臨死体験・環境問題まで多岐にわたっており、その領域の専門家に負けない知力を有していた。だからといって立花さんの話が難解で分かりにくいということはまったくない。おそらく読者に分かってもらおうという意識がかなり強かったのではないだろうか。特に、初期の作品より全盛期の著作でそういった文章がよく見られる。

『精神と物質　分子生物学はどこまで生命の謎を解けるか』（立花隆／利根川進・文春文庫）は、ノーベル賞を受賞した利根川博士に立花さんがインタビューした作品だ。利根川博士の業績とは何だろう。それは「抗体の多様性生成の遺伝学的原理の解明」だという。これは一体なんのことか、ちょっとわれわれには分からない。そこで、立花さんは平易な言葉を使って、利根川博士の業績が科学的にどれだけインパクトがあるのかを分かりやすいエピソードで紹介している。引用してみよう。ノーベル賞を選考した研究所が受賞理由を専門用語で記者たちに説明した場面だ。

しかし、こう説明されても、よほどの専門家でないとその意味はわかるまい。

記者たちもよくわからなかったのだろう。すぐに、

「トネガワの研究はどれほどすごいのか」

という単刀直入な質問がとんだ。それに対して、選考委員の一人が、

「医学界の大きな課題を見事に解き明かした。百年に一度の大研究だ」

と答えて、記者たちははじめてホホーッと感心したという。

文章も分かりやすい、内容も分かりやすい。うまい文章というよりも、読者に優しい文章と言える。誰にも分かりやすい文章を使って、これから述べていく利根川博士の業績を説明しようという姿勢は書き手としてとても謙虚である。私たちが目指すのはこうした分かりやすい文章である。では、それをどう書くのか。それを理解するためには、日本語の構造を知っておかなければならない。

2

文章は「かかる言葉」と「受ける言葉」でできている

私たちはふだん日本語の構造など意識しないで文章を書いている。おそらくその理由は、話すように書けば意味が通るからであろう。だが分かりやすい文章を書くことを心がけるならば、**日本語がどういう構造をとっているか知り尽くす必要がある。**

そこでまず、**単文・重文・複文**について説明する。

単文とは、

私は医者です。

という形だ。私は（主語）医者です（述語）という形式をとる。

重文とは、

私は外科医で、彼は小児科医です。

という形になる。単文が連続している形式をいう。

複文とは、「1つの単文の中に単文が組み込まれている」とか、「主部と述部の中にそれぞれ主語と述語が含まれている」形をいう。

前者は、

医師の私は看護師が差し出すメスを手に取る。

という文をいう。この文の構造を解析してみる。

主語　医師の私は
主語　看護師が
述語　差し出す
述語　メスを手に取る

後者は、

この患者には内視鏡手術が最適だと私は結論づけた。

という文をいう。これも同様に構造式で表す。

この患者には内視鏡手術が　最適だと　私は　結論づけた

主語　述語　主語　述語

主部　述部

実際には、複文と単文が重文のような構造でつながっている文も多い。例えば、次の通りである。

教授は、あまりにも医局員たちが文句を口にするので腹を立てたが、
なんとか医局長がその場を収めた。

前半が複文で後半が単文である。こういう形式の文をみなさんは日常的に見かけるだろう。

文章術の本では、「単文・重文・複文」で日本語の構造を理解するように説いたものが多い。それは間違っていない。しかし、日本語の骨格は違った観点で見るとはっきりしてくることに、私は、文学青年だった医学生の頃に気づいた。以来、私は文を構成するときに、少し違った考え方で日本語の構造をとらえている。それは**「かかる言葉（修飾語）」**と**「受ける言葉（述語）」という構造**だ。次の例を見てほしい。

彼女は彼をボスと呼ぶ。

ただ、この文は語順を入れ替えることが可能だ。次のパターンがあり得る。

彼女は彼をボスと呼ぶ。
彼女はボスと彼を呼ぶ。
彼を彼女はボスと呼ぶ。
彼をボスと彼女は呼ぶ。
ボスと彼女は彼を呼ぶ。
ボスと彼を彼女は呼ぶ。

どの形であっても日本語として成立する。ただすべての文型に共通しているのは、最後に「呼ぶ」がくることである。ここだけは動かすことができない。つまり**文末に述語がくることが日本語の骨格である。**

彼女は（かかる言葉＝修飾語①）
彼を（かかる言葉＝修飾語②）
ボスと（かかる言葉＝修飾語③）
↓
呼ぶ（受ける言葉＝述語）

と表現すれば分かりやすいだろう。
では、かかる言葉の順序はどうすればいいのだろうか。

3 「長い修飾語が先」で「短い修飾語をあと」にすると分かりやすくなる

『第三版　悪文』（岩淵悦太郎編著・日本評論社）の中に、『正しい日本文の書き方』（奥田靖雄）という本の一部が引用されている。それによると、修飾語の条件が3つ挙げられている。

①　長い修飾語をつけないこと
②　修飾される語のすぐまえに修飾語をおくこと
③　ながい修飾語とみじかい修飾語とがあるときは、みじかい修飾語のほうを修飾される語のちかくへおくこと

①と②はそれほど重要ではない。ある意味当然なので、心構えくらいにとらえ

ておけば十分である。①と②については本章では深入りしない。ここで最も重要な指摘は③である。つまり、**長い修飾語が先で、短い修飾語をあとにすると文が分かりやすくなる。**このことは極めて重要なので、絶対に忘れないようにしてほしい。これは分かりやすい文を書くうえでの大原則である。

医師の私は看護師が差し出すメスを手に取る。

という文は、次の関係になっている。

医師の私は
看護師が差し出すメスを
手に
→ 取る

長さの異なる3つのかかる言葉が、「取る」という受ける言葉にかかっている。現状のままでは「私は看護師が」と続いて、やや読みにくい。これを修飾語の長い順に並べると、

看護師が差し出すメスを医師の私は手に取る。

となり、スムーズに読める。

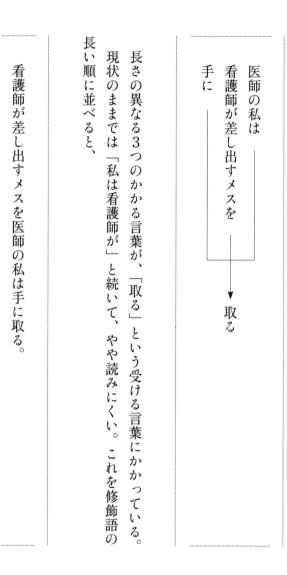

この患者には内視鏡手術が最適だと私は結論づけた。

も同様にスムーズである。

「この患者には内視鏡手術が最適だと」「私は」→「結論づけた」と、修飾語が長い順になっているので読みやすいのである。もし順序が逆で、

私はこの患者には内視鏡手術が最適だと結論づけた。

だと読むのに引っかかる。次はどうだろうか。

全員出席が義務づけられている月1回の教授回診の列に、遅刻の研修医が足を踏まれてパニックになったネズミのように飛び込んだ。

意味は取れるが読みにくい。「研修医が足を踏まれて」と誤読してしまうからである。こうした構造の文は、一般の書籍の中でもときどき見られる。そこで、文の構造を紐解く。

全員出席が義務づけられている月1回の教授回診の列に、
遅刻の研修医が
足を踏まれてパニックになったネズミのように
飛び込んだ。

長い順に整理すれば、次のようになる。

全員出席が義務づけられている月1回の教授回診の列に、足を踏まれてパニックになったネズミのように遅刻の研修医が飛び込んだ。

これであれば、問題なく読める。

4 「大事でないことより大事なこと」を先に、「詞よりも句」を先に

述語にかかる言葉の長さに差がない場合はどうしたらいいのであろうか。

彼女は彼をボスと呼ぶ。

この文には前述のように6通りの表現の仕方があり、かかる言葉の長さはどれもほぼ変わらない。その中で、最も自然なのは「彼女は」「彼を」「ボスと」「呼ぶ」であろう。その理由は、筆者が大事だと思っている言葉の順に並んでいることにある。「彼女は」は、この文章の主題だから最も重要なので前にくる。「彼

を」と「ボスと」は重要度が大きく変わらないが、どちらかといえば「彼を」の方が優っているだろう。

こういう例はどうだろうか。

初めて執刀する開腹操作を伴った電気メスを使う手術に緊張した。

「手術」にかかる言葉は「初めて執刀する」「開腹操作を伴った」「電気メスを使う」の3つであり、長さはほぼ変わらない。だが、こういう順序だったらどうだろうか。

電気メスを使う開腹操作を伴った初めて執刀する手術に緊張した。

日本語としては成立しているが、違和感がある。瑣末《さまつ》なことを先に書き、「初めて執刀する」という大事なことがあとになっているからだ。

長い修飾語が先で短い修飾語があとと述べたが、「句」と「詞」を用いる場合には注意が必要である。

句とは「背が低い」「車に乗って」といった2語以上からなる修飾語である。詞とは「太った」とか「急いで」といった修飾語である。普通は句の方が詞よりも長いので、句が先で詞があとになる。

「背が低い太った院長」と書くが、「太った背が低い院長」とは書かない。「太った背」と誤読される可能性がある。

「車に乗って急いで病院に向かった院長」と書くのはOKだが、「急いで車に乗って病院に向かった院長」と書くと読者が混乱する。「病院に向かった院長」にかかるのは、「急いで」と「車に乗って」の2つである。「急いで」「車に乗って」「病院に向かった院長」と書いた場合、急いだのは「車に乗る」という動作か、「病院に向かった」という行動かが分からない。

ただ、まれに詞が長い場合がある。例えば「千葉大学医学部附属病院小児外科の」という修飾語を考えてみる。これは句ではなく、詞である。そして句として「車で通う」という修飾語を使う。受ける言葉を「医師」にして、かかる言葉を長い順にすると、

千葉大学医学部附属病院小児外科の車で通う医師

となる。これでは車が病院のもののような錯覚を起こす。句を先にすれば、

車で通う千葉大学医学部附属病院小児外科の医師

となって誤解がない。

つまり、かかる言葉は長い順にするが、句と詞があった場合、句を先にする。
もう1つ例を挙げる。
患者の吉田さんが礼を言いにきた状況を文にしてみる。

礼を言いにきた患者の吉田さん

「礼を言いにきた」↓「患者の」と長い順になっている。では、「患者の」を「特発性血小板減少性紫斑《しはん》病の」に代えてみる。長い順に並べると、

特発性血小板減少性紫斑病の礼を言いにきた吉田さん

となり、病気になった礼を言いにきたことになる。したがって句を前に出して語順を変える。

礼を言いにきた特発性血小板減少性紫斑病の吉田さん

これでうまく収まった。句と詞の順序が悪い文は日常的に目にする。実例を挙げる。

制服姿の胸の大きな女子高生の絵が描かれた広告。

毎日新聞 2022年4月15日から引用

「制服姿の」と「胸の大きな」とではほぼ長さが同じなので、語順はどちらが先でもいいように考えがちだが、このままでは「制服姿の胸」と間違えられる。
「胸の大きな」という句を先に出せばいい。

胸の大きな制服姿の女子高生の絵が描かれた広告。

とすれば、問題なく読める。
以上のことから、かかる言葉の前とあとは次のような関係になる。

前	あと
長い修飾語	短い修飾語
句	詞
大事なこと	大事ではないこと

5

分かりやすい文とは、結局「理詰め」で書かれた文

このように書いてくると、語順を整えるためにいちいちそこまで神経を使わなくてはいけないのかという読者からの疑問の声が聞こえてきそうである。だが、**分かりやすさとは、語順に気を使うということである。**自分の書いた文が何か読みにくかったり、違和感を覚えたりしたときは、かかる言葉と受ける言葉を整理してみるといい。結局、分かりやすい文とは「理詰め」で書かれた文なのである。

そうした例を挙げていこう。『実践　文章教室』（馬場博治・大阪書籍）には、多くの文章術の本で引用される有名な文がある。

刑事は血まみれになって逃げ出した賊を追いかけた。

血まみれになったのは、刑事だろうか、それとも賊だろうか。どちらとも解釈可能である。文章の構造としては、次のようになっている。

刑事は
血まみれになって
逃げ出した賊を
→ 追いかけた

「刑事は」は最も短い修飾語なので一番後ろに置く。そのうえで、ほぼ同じ長さの「血まみれになって」と「逃げ出した賊を」の順序を決める。

血まみれになったのが刑事であれば、

逃げ出した賊を血まみれになって刑事は追いかけた。

とすればいい。
賊が血まみれならば次のようにする。

血まみれになって逃げ出した賊を刑事は追いかけた。

『第三版　悪文』には、こういう例文が出てくる。

彼女は目を輝かせて話し続ける彼を見つめていた。

これも先の例と同じく、目を輝かせているのが誰かが分からない。同様に解釈すると、彼女が目を輝かせている場合、

話し続ける彼を目を輝かせて彼女は見つめていた。

となる。彼が目を輝かせているなら、

目を輝かせて話し続ける彼を彼女は見つめていた。

とすればいい。

同じく、『第三版　悪文』には少し複雑な文が紹介されている。

両国は軍縮を段階的に核兵器の削減に重要性を置いて進めるという方式をとることに意見が一致した。

短い文なのに分かりにくい。そこでこれを腑分けすると、

軍縮を
段階的に
核兵器の削減に重要性を置いて
両国は↓意見が一致した
進めるという方式をとることに

修飾語を長い順にすれば、

核兵器の削減に重要性を置いて段階的に軍縮を進めるという方式をとることに両国は意見が一致した。

となり、読みやすい。

もう1つ同書から引用する。

イタリア共産党の、みずからその作成に決定的貢献をおこなった共和国憲法の規定に基づき、大衆闘争によって反独占民主主義の領域におけるイタリア社会の政治的・経済的諸構造の改良を実現することをとおして、社会主義の方向へ発展してゆく構造的改良の戦術は、レーニンのこの思想を現代の諸条件に適用したものであるということができよう。

一読してすんなり理解できる人はまずいないだろう。こういうときは、述語をはっきりさせる。述語は「レーニンのこの思想を現代の諸条件に適用したものである」である。この述語に明らかにかかる言葉は「戦術は」であることが分かる。ということは、前半の文がすべて「戦術は」にかかる修飾語で、その並び方に問題があることが理解できる。

分解すると次のようになる。実は、かかる言葉は3つしかない。

イタリア共産党の↓戦術

みずからその作成に決定的貢献をおこなった共和国憲法の規定に基づき、大衆闘争によって反独占民主主義の領域におけるイタリア社会の政治的・経済的諸構造の改良を実現することをとおして、社会主義の方向へ発展してゆく↓戦術

構造的改良の→戦術

したがって修飾語を長い順に変えればいい。

みずからその作成に決定的貢献をおこなった共和国憲法の規定に基づき、大衆闘争によって反独占民主主義の領域におけるイタリア社会の政治的・経済的諸構造の改良を実現することをとおして、社会主義の方向へ発展してゆくイタリア共産党の構造的改良の戦術は、レーニンのこの思想を現代の諸条件に適用したものであるということができよう。

読みやすくなったのではないだろうか。「その」とか「この」という指示語が入っていることが文を分かりにくくしているが、前後の文脈からしてやむを得ない面もあるだろう（指示語の問題点は4章で論じる）。

語順の問題を、最近の例からも見てみる。

中国外務省の汪文斌（おう・ぶんひん）報道官は14日の記者会見で、中国共産党の組織と連携して活動する女性が献金を通じて英国政治に干渉しているとの警告を英情報局保安部（ＭＩ５）が発したことに対し、「英国の官僚が根拠に基づかない言論を発表しないよう望む」とクギを刺した。

産経新聞　２０２２年１月14日から引用

新聞記事なのでこうした並びになるのはしかたないであろうが、やはり少し読みにくい。最大の理由は、「報道官は」と「クギを刺した」が離れすぎていることとにある。文の構成を考えてみる。

①【中国外務省の汪文斌（おう・ぶんひん）報道官は】
②【14日の記者会見で】
③【中国共産党の組織と連携して活動する女性が献金を通じて英国政治に干渉しているとの警告を英情報局保安部（ＭＩ5）が発したことに対し】
④【「英国の官僚が根拠に基づかない言論を発表しないよう望む」と】
↓クギを刺した

③→④→①→②の順に長い。長い順に並べれば、次のようになる。

中国共産党の組織と連携して活動する女性が献金を通じて英国政治に干渉しているとの警告を英情報局保安部（ＭＩ５）が発したことに対し「英国の官僚が根拠に基づかない言論を発表しないよう望む」と中国外務省の汪文斌（おう・ぶんひん）報道官は14日の記者会見でクギを刺した。

格段に読みやすくなったのではないだろうか。読点（テン）がなくても無理なく読める（なお、テンの使い方は次章で説明する）。

ここまで述べてきたように、日本語は「かかる言葉」と「受ける言葉」でできている。両者の関係が不明瞭な文は、悪文になる。かかる言葉があっても受ける言葉がないケースだ。実際そういう文はけっこう見かける。

担当医は不適切な方法とされる、患者が座った状態でカテーテルを抜いたという。

毎日新聞　2022年1月19日から引用

一読すると意味は取れるが、何かおかしい。分解してみるとこうなる。

担当医は
不適切な方法とされる→?
患者が座った状態で
カテーテルを
抜いた

「不適切な方法とされる」はどこにかかるのだろうか。少なくとも「抜いた」ではない。かかる相手は「患者が座った状態でカテーテルを抜くこと」である。だからこの文は分かりにくいのである。改良するには、2つの方法がある。1つは次のような文にすることだ。

担当医は、不適切な方法とされる、患者が座った状態でカテーテルを抜くという行為に及んだという。

もう1つは、文を2つにするという考え方だ。

担当医は、患者が座った状態でカテーテルを抜いたという。座った状態でカテーテルを抜くのは空気塞栓の危険があり、不適切な方法とされている。

少しくどい印象があるが、正確で分かりやすい。文章を理詰めで書かなくてはいけないというのは、書き手にとっては窮屈かもしれない。だが、理詰めに文章術のセンスはいらない。考えることによって、誰にでも分かりやすい文を書けるということである。

6 情報を詰め込みすぎない

1つの文の中に情報が多すぎると読者にとって分かりにくくなることがある。情報過多の文というのは多くの場合、修飾語が多すぎるパターンである。確かに、修飾語が多ければ多いほど、読者に多くの判断材料を提供することが可能である。だが、それが逆効果になることもあると知っておいた方がいい。次の文を見てほしい。

昨年12月にNHK・BS1で放送した映画監督の河瀬直美さんらに密着したドキュメンタリー番組について、制作したNHK大阪拠点放送局は1月9日、「字幕の一部に不確かな内容があった」と明らかにし、陳謝した。

朝日新聞　2022年1月9日から引用

「ドキュメンタリー番組について」に対して、「昨年12月にNHK・BS1で放送した」と「映画監督の河瀬直美さんらに密着した」の2つの修飾語がかかっている。語順としてはまちがっていないが、このままでは「放送した映画監督」に読めてしまう。語が隣接しているだけでなく、「放送」と「映画」という単語に親和性・類似性があることも理由だろう。ここまで情報を詰め込まないといけないのだろうか。書き方を工夫すればもっと自然に読める。次のような文はどうだろうか。

NHK大阪放送局は9日、2021年12月に放送したBS1スペシャル「河瀬直美が見つめた東京五輪」について、字幕の一部に不確かな内容があったと発表した。

毎日新聞　２０２２年1月9日から引用

これは素直に読める。情報を詰め込みすぎていないことが分かりやすくなっている理由である。こちらの文は修飾語が「放送した」の１つだけであり、そのぶん無理がない。

7 接続詞も不要なものが意外と多い

文を積み重ねることで文章ができていく。この際、接続詞の役割がとても重要になる。ただ、実は不要な接続詞が多用されている文章にもときどき出合う。どういう接続詞が必須で、どういうものを削った方がいいかを述べてみたい。

A「その患者は末期の胃がんだった」
B「教授は医局長にお世辞を言われてご満悦だった」

A→Bには何の論理的な結びつきもない。Aのあとを Bが論理的な関係性を持って受け継がないとAとBをつないだ文章は成立しない。

A「その患者は末期の胃がんだった」
B「教授は手術を諦め、抗がん剤投与の方針を決めた」
C「教授はあえて開腹手術に踏み切り、食物が通るようにバイパス手術を行った」

A↓Bであれば、両者は順接の関係にあり、たとえば「そこで」などでつなぐことができる。
A↓Cであれば、両者は逆接の関係にあり、たとえば「しかし」などでつなぐことが可能だ。
すべての文章は、前とあとに何らかの論理的な関連性がなくてはならない。こうした意識づけが弱いままに文章を書くと、それは文章として成立せず、散らかった文の羅列になる。したがって、まず書き手自身が前後の文の論理的関係性を確認するためにも、接続詞は積極的に使った方がいい。

そうしてできあがった文章を読み返してみると、多くの場合、接続詞が多すぎて読みにくいことに気づくだろう。まず書いてみて、不要な接続詞は削っていくのがいい。

この際に大事なことは、**逆接の接続詞は必ず残すことだ。**日本語は述語が文末にくるので最後まで肯定・否定が分からないことがある。だからこそ、逆接の場合は接続詞を使って結論を先回りするのだ。

逆に**最も不要なのは順接の接続詞だ。**「そして」が連続する文章は拙く見える。実際、「そして」のほとんどは削除しても意味が通る。「それから」「それで」といった順接の接続詞はどんどん切っていった方がいい。

では、それ以外の接続詞はどうするか。残した方が読者に優しいであろう。「つまり」で接続すれば、読者には「このあと、言い換えて説明してくれるのだな」と分かる。「一方」で接続すれば、「このあと話が変わるのだな」と予測がつく。「なぜならば」で接続すれば、「理由が今から説明されるのだな」と心構えができできる。「たとえば」で接続すれば、「これから例が示されるのだな」と先の展開を読める。

接続詞は書き手にとっては論理の整理であり、読み手にとってはこの先の道先案内である。次の流れがどちらの方向を向いているかをあらかじめ教えてもらった方が、読者はストレスなく文章を辿っていくことができる。

そういう意味で、副詞も同じ役割を果たす。

文頭に「まさか」がくれば文末は「ないだろう」になる。

「おそらく」「たぶん」であれば、最後は「だろう」になる。

「きっと」に対応するのは「だ・である」などの肯定形だ。

「けっして」ならば、結論は「ない」である。

「全然〜〜大丈夫」という使い方はすべきではない。

8 段落の作り方

段落をどう区切るかという問題は、分かりやすい文章を書くうえで決定的に重要である。ただ、段落をどう考えるかは人によって意見の差が大きい。段落について徹底的に論じた本もあまり多くない。段落をどう区切るかは意見が分かれるところのようだ。

結論じみたことを先に述べてしまうと、段落が極端に少ない本は、それだけで敬遠されてしまうだろう。時代の流れとともに段落を細かく区切る文体が主流になりつつあり、段落の多い文章に私たちは慣れている。

スマホで新聞を読むと、段落と段落の間は1行（またはそれ以上）が空白になっている。すぐに読めて、キリのいいところですぐに読み終えることができるように、段落は1つのブロックとして細かく、そして独立した文章として区切られている。

初版1979年の『何でも見てやろう』（小田実／講談社文庫）は、パッと本を開くと小さい文字がぎっしりである。改行が1個か2個しかないページがいくらでもある。それどころか改行なしのページもある。今の若い人はこういう本を好んで読むだろうか。読むには気合が必要なのではないか。

では、段落をどんどん区切れば単純に読みやすいかといえば、そういう簡単な話ではない。極端なことをいえば、1文ごとに改行することも可能である。実際、夢枕獏さんの小説はそういうスタイルで書かれている。あれは文芸作品だから成り立っているのであって、ここで私が論じている文章術にそのまま使えるわけではない。

段落を作るということには、2つの意味がある。1つは、**書き手が伝えたい思考のかたまりを整理する**ということ。そしてもう1つは、**読者に対して読みやすい体裁を整える**ということだ。

後者は文章術を論じるうえで、あまり本質的なことではないかもしれないが、今の時代に避けて通れない大きな課題である。段落とは何かについて基本に立ち返って考えてみよう。

段落とは、1字下がった形で開始される文章のかたまりである。1字下がることで読者は新しい段落が始まったことが分かる。また、文章を目で追っていくうちに、視野の片隅に1字下がりの新しい段落が入ってくる。つまり段落の終わりが見える。いわば読書という水泳をしている読み手は、もう少しで岸にたどり着けると安心し、一気にそこまで進んでいくことができる。段落とは形式であり、同時に読書を促進する働きがある。

そして段落には、表現・思考・メッセージのまとまりを読者に提示するという役割がある。つまり、ある1つのストーリーが1つの段落に入っているということになる。では、そのストーリーとは、どこから始まり、どこで終わるのであろうか。言い替えれば、段落の最初と終わりをどう設定するかが問題となってくる。

日本語学者の石黒圭さんは『段落論　日本語の「わかりやすさ」の決め手』(光文社新書)の中で、段落の内部構造として次の3つを挙げている。非常に参考になるので紹介したい。

・小主題文（topic sentence）
・支持文（supporting sentence）
・小結論文（concluding sentence）

小主題文とは、文字通り段落で述べようとしていることの主題を表す文である。つまり小主題文で段落は始まる。次に支持文がくる。これは小主題文の内容を支える文章で、段落の中身と言える。最後に小結論文があり、段落全体を総括して段落を終了させる。

ではは具体例を挙げて説明してみたい。

私は19年間、大学病院の小児外科で働き、およそ1800例の手術を経験した。治療に関わった患者数は、おそらく数万にのぼるだろう。その中にあって、どうしても完治させることが困難な病気が3つあった。先天性横隔膜《おうかくまく》ヘルニア・胆道閉鎖・神経芽腫である。これらの疾患の治療成績を向上させることは私にはできなかった。私の後輩の医師たちが私に代わって治療成績をあげてほしいといつも願っている。

そんな話を述べるときに、「先天性横隔膜ヘルニア」「胆道閉鎖」「神経芽腫」についてそれぞれ段落を作って書くとする。「胆道閉鎖」をテーマに1つの段落を作るとすれば次のような構成になる。

【小主題文】母子手帳の中に入っている便色カードは、あまり有効に使われていないようです。これは便の色をチェックすることで胆道閉鎖を早期に発見するためのツールです。

【支持文】胆道閉鎖はたいへん難しい病気で、生直後に胆道が消失するために、胆汁が肝臓に滞り、たちまち肝硬変に陥ります。手術を行なっても、胆汁がきちんと流れるようになる患者は2／3程度に留まります。1／3の子どもには肝臓移植が必要です。さらに治ったと思える子どもたちも、成人になるまでに肝硬変が進行します。すると結局2人に1人は肝臓移植が必要になります。肝臓移植は命懸けの大手術です。手術が行なえる病院も限られています。臓器を提供する親にも大きな影響を及ぼします。

【小結論文】この病気は生後60日以内に診断がつけば、肝臓移植になる可能性が下がります。便色カードをぜひ有効活用してください。

こういう書き方をパラグラフ・ライティングという。書き手としては確かに論理を明快に表現することができるし、いくつものパラグラフ（段落）が集合した全体像を読み手は俯瞰しやすい。仕事で使うならば、企画書とか研究費の申請書に非常に向いているのではないか。1段落を400～500字として、全体で2

000〜2500字くらいならいい文章ができそうだ。みなさんにもこういう書き方を勧めたい。

ただこの方法は、段落の決め方というよりも、頭の中での文章の整理法に役立つのではないだろうか。文章の構成を決める際にきわめて有用だが、この文章全体が1段落というのは、いまの時代長すぎるというのが実感だ。実はこの文章は私が書いたブログを引用したものである。私が実際にどこで段落を切ったかを見てほしい。


母子手帳の中に入っている便色カードは、あまり有効に使われていないようです。これは便の色をチェックすることで胆道閉鎖を早期に発見するためのツールです。

胆道閉鎖はたいへん難しい病気で、生直後に胆道が消失するために、胆汁が肝臓に滞り、たちまち肝硬変に陥ります。手術を行なっても、胆汁がきちんと流れるようになる患者は2／3程度に留まります。1／3

の子どもには肝臓移植が必要です。

さらに治ったと思える子どもたちも、成人になるまでに肝硬変が進行します。すると結局2人に1人は肝臓移植が必要になります。肝臓移植は命懸けの大手術です。手術が行なえる病院も限られています。臓器を提供する親にも大きな影響を及ぼします。

この病気は生後60日以内に診断がつけば、肝臓移植になる可能性が下がります。便色カードをぜひ有効活用してください。


「超えるべき壁　胆道閉鎖」２０２２年2月10日

私はこの文章を4つの段落で構成した。第1段落は小主題文そのものである。第2段落は支持文の前半で、胆道閉鎖の従来の治療成績がいかに悪いかを紹介している。そして第3段落は支持文の後半で、治ったと思える患者にも肝臓移植が必要になる可能性があることを伝えている。最後の第4段落は小結論文と同じである。

どちらが読みやすいかは読者によって意見が分かれるかもしれないが、段落を切ることによって読み手に読むスピードをつける働きがあると私は考える。うまいタイミングで小休憩した方が、結局は速く読めるということだ。速く読めれば、読書に加速がつき、文章がさらに生きる。

したがって、次のような切れ目では段落を区切った方がいいだろう。

○話題が変わる　Aという本について論じていたのが、Bという映画の話になるとき。

○場所が変わる　登場人物が屋内から屋外へ移動するなど場所が変わるとき。

○時が変わる　今日交わされていた話題から翌日の話題へと時間が経過するとき。

○説明が冗長になる場面　重ねて説明したり、さらに細かく説明したりするとき。大きな状況を述べたあとで、細かな状況の説明に移るとき。

○反対の意見を述べる場面　今まで述べてきたのとは異なった角度から論じるとき。

参考のために私が以前に書いた文章を引用する。1字下げのところに番号を打った。

①また、映画『レインマン』をご覧になった方も多いのではないでしょうか。自分の欲に率直に生きる弟と、自閉症の兄の心の交流を描いたロードムービーです。自閉症の兄を演じたダスティン・ホフマンは、その迫真の演技でアカデミー主演男優賞を受賞しました。兄レイモンドは、「人に関心がない」とか「決まった生活パターンを守り、同じ衣服に拘る」など、典型的な自閉症の特徴を持っています。

②そしてレイモンドには特異な才能があります。驚異的な記憶力と計算力です。彼は、床にばらまかれた爪楊枝の数を一瞬にして数えてしまうのです。まるで写真を撮影するように視覚情報を脳に記憶を焼き付けてしまうことを「直観像」といいます。

③レイモンドには実在のモデルがいます。キム・ピークという方で、

以前NHKでドキュメンタリー番組が放映されたのでご存じの方もいるかもしれません。キム・ピークは、生まれつき、左脳と右脳を結ぶ神経線維が欠けた「脳梁欠損」という異常を持っており、知的障害を伴う発達障害者です。

④しかし左右の目で本の左右のページをそれぞれ見つめて数秒で記憶し、図書館の9000冊を超える内容をすべて頭の中にデータベース化しているそうです。政治からスポーツまで、どんな分野でも、いつ、どこで、だれが何をしたか、すべて記憶しています。地図も郵便番号も読んだものはすべて記憶しているのです。

⑤発達障害児の中にはこうした特異な才能を発揮する子がいます。こうした天才的な振る舞いをサヴァン症候群（サヴァンはフランス語で学者の意）と言います。発達障害の子を持つ親であれば、必ず出会う言葉です。しかしこれが将来何かの役に立つかというとそういうことはほぼ皆無に近いと思います。

『発達障害　最初の一歩』松永正訓／中央公論新社

この文章は発達障害の子どもの一部に、特異な才能を有する子がいることを紹介したものである。まず、①の映画『レインマン』の話から始まる。ダスティン・ホフマン演じるレイモンドを紹介したあと、②でさらに細かい説明として段落を切る。説明が長くなり、大きな状況から小さな状況へフォーカスが絞られる場面転換の場所である。③でまた話題が変わり、レイモンドのモデルとなった実在の人物を紹介する。そしてその人物が知的障害だったことを述べる。④では、それにもかかわらず並外れた記憶力があることが綴られる。⑤では、小結論文のようにまとめになる。

段落の始まりには接続詞がよく使われていることに気づくだろう。①は「また」、②は「そして」、④は「しかし」という具合である。もちろん段落の中に接続詞があってもいいが、段落を切る1つの合図になる可能性がある。

ただし、接続詞の種類によって段落の切れやすさは変化する。

すぐ前の文章を補足説明する「というのは」「なぜならば」「例を挙げると」「ただし」などの接続詞では段落が切れることはあまりない。一方で、「しかし」「ところが」などの逆説の接続詞や、「一方」「また」「ところで」などの場面転換の接続詞、「そして」「さらに」「つぎに」「そのうえ」などの付加・順接の接続詞では段落が切れやすい。
もう1つ、段落を切ることの効用について述べる。それは文意を強調したり、余韻を強く残したりする手段だ。例を挙げてみる。『女帝　小池百合子』（石井妙子・文藝春秋）からの引用である。東京都知事の小池百合子がかつてテレビ番組で語った言葉の記述だ。

「キャスター時代の頃です。私はある男性と約一年間お付き合いをしていました。その方はとてもステキで、前向きの生き方をしている人でした。いつものように会ってデート。その時も『また電話するよ』と言って、普段と変わらない感じで、別れたんです」
ところが、いくら待っても電話がないので、意を決して小池から電話を入れた。すると、相手から、こんな言葉が返ってきたという。「何か用？」。

なぜ、こんな話を自らテレビで明かしたのだろうか。
復讐だろうか。自分は忘れていない、自分を見下したことを決して許さないと知らしめたくて、したことなのか。

改行して1文だけ「なぜ、こんな話を自らテレビで明かしたのだろうか。」とポツリと書くことで、インパクトと余韻が生まれる。こうした段落の使い方は、読者に対して強い吸引力を生み出す。私自身もこういう使い方をときどきしている。

自著から引用する。『いのちは輝く』の「はじめに」で私はこう書いた。

私が医師になって初めて先天奇形の赤ちゃんの手術をしたのは、1988年の夏でした。赤ちゃんは鎖肛《さこう》という奇形で生まれつき肛門を欠いており、また、一方の腕の先は細く短い状態でした。生後36時間で手術をすることになり、父親は手術室の扉の前でオロオロとし、私は難しい手術を前に極度の緊張状態でした。

私は震えそうになる手で赤ちゃんのお腹にメスを入れ、人工肛門を造りました。手術が終わって麻酔科医が赤ちゃんの口から気管内チューブを抜くと、赤ちゃんは泣き声をあげました。その声はしだいに強くなり、やがて手術室中に響き渡りました。

生きようとしている。

その姿は神々しく見えました。父親の不安も、私の緊張も、その赤ちゃんには関係なかったのです。ただひたすら、命の炎を燃やしているように私の目には映りました。

この文章も段落を切って、「生きようとしている。」と短く1文書くことで、私の感じた生命の力強さ・美しさを表現しようとしたものである。「だ・である」には強調の効果があることは1章ですでに述べた。段落を切ることと、「です・

ます」の文体に「である」を挟み込むことで、さらにインパクトが増強されているだろう。

最後にさらに引用する。黒澤明監督の自伝『蝦蟇《がま》の油』は段落が多い。その段落の多さが、この本のクライマックスのシーンで効果的に使われている。黒澤明さんが助監督だった頃、仕事に嫌気が差して辞めようとする。しかし山本嘉次郎監督に出会い、映画界で生きていく決心をする場面だ。

山本組の仕事は楽しかった。

私も、絶対、山本組を離れたくなかった。

幸せな事に、山さんも私を離さなかった。

私の顔に峠の風が吹いて来た。

峠の風というのは、長い苦しい山道を登っている時、峠が近づくと、山の向こうから爽やかに吹いて来る風の事である。

その風が顔に当たると峠が近い事が解るのである。そして、峠に立って、開けた眺望を眼下に見下ろす事が出来るのだ。
私は、キャメラの横の監督の椅子に腰をかけた山さんの後ろに立って、やっとここまで来た、という感懐で胸が一杯になった。

『蝦蟇の油　自伝のようなもの』黒澤明／岩波現代文庫

私はこの文章を読んで、普遍的な真理が含まれた逸話だと感銘を受けた。内容がいいのはもちろんだが、段落を短く切っていることが効果をあげている。8文に対して、段落が7個もある。もしこの文章が1つの段落に収まっていたら、それほど感激しなかったかもしれない。段落を切ることで間合いが生じ、読書がゆっくりとしたペースになる。読み手の顔にまるで本当に風が吹いてくるような感覚にとらわれるのだ。

これまで見てきたように、段落をどう切るかという問題は、文章を構成するにあたって、場面の転換を示唆するとか、心理描写を強調するなどの重要な役割を果たす。みなさんも、どこで文を切るのか熟考してほしい。

第3章

「読みやすい1文」に必要なこと

1 読点（、）の位置で、意味が変わる

文章術の本で、読点（以下、テンという）の打ち方に重きを置いているものはあまり多くない。だがテンをどこに打つか、あるいは打たないかという問題は文の分かりやすさにおいて決定的な役割を持つ。

どんな名文でもテンの位置を間違えるだけで、その文は悪文になる。岡崎洋三さんは『日本語とテンの打ち方』（晩聲社）で、丸ごと1冊を使ってテンの打ち方を論じており、テンの打ち方はそれくらい重要なことである。次に示す最近の文を読んで、みなさんはどう感じるだろうか。これは2023年の記事だ。

昨年は小泉純一郎元首相が訪朝し、拉致被害者5人が帰国してから20

年となり、早紀江さんは支援者の集会や取材対応などで精力的に活動してきた。

産経新聞 2023年2月4日から引用

え！ 小泉元首相が昨年に北朝鮮を訪れたの？ と驚いたのではないだろうか。もちろん、そういう事実はない。小泉さんが訪朝したのは、2022年から数えて20年も前である。この文を修飾語が長い順に整えればこうなる。

小泉純一郎元首相が訪朝し、拉致被害者5人が帰国してから昨年は20年となり、早紀江さんは支援者の集会や取材対応などで精力的に活動してきた。

「昨年は」で文を始めたいのであれば、テンが必要になる。

昨年は、小泉純一郎元首相が訪朝し、拉致被害者5人が帰国してから20年となり、早紀江さんは支援者の集会や取材対応などで精力的に活動してきた。

1つのテンを打つだけで意味が変わる。この文であれば、誰も「小泉元首相が昨年に訪朝した」などと誤読しない。テンはそれくらい重要な価値を持つ。では、テンをどう使っていけばいいのだろうか。

2　読点が多いと、文章のリズムを狂わせる

先に引用した『蝦蟇の油　自伝のようなもの』は次のような文章で始まる。

私も、何時の間にか、この二十三日（昭和五十三年三月）には、六十八歳になる。
その年月を振り返ってみると、要するにいろんな事があった、と云うほかはない。自伝のようなものを書いたら、と云う人も多いが、開き直ってそんなものを書く気にはなれなかった。大体、自分自身の事は、書き残すほど面白いとは思えないからだ。

読むときに少しつかえるのではないだろうか。この文章には明らかにテンが多すぎる。多いテンは文章のリズムを狂わせるだけでなく、本来打つべきテンの意味を消してしまいかねない。

テンは必要であるが、無意味にテンを打ってはいけない。打つべき箇所をよく考える必要がある。したがって、必須ではないテンは可能な限り使わないようにしたい。単語の並列にはテンを使わず中テン（・）を使うべきだ。

米アカデミー賞の前哨戦の一つ、第56回全米映画批評家協会賞の各賞が8日（日本時間9日）発表され、濱口竜介監督（43）の「ドライブ・マイ・カー」が作品・監督・脚本の各賞に輝いた。

朝日新聞 2022年1月10日から引用

中テンで「作品・監督・脚本」という単語を並べる表現は適切である。「作品、監督、脚本」としてしまうと、文がテンだらけになり、テンの価値が下がってしまう。実は、同新聞には「ドライブ・マイ・カー」に関する記事が数本掲載されたが、ここに引用した記事以外はすべて「作品、監督、脚本」という表記になっていて読みにくかった。

テンは句点（マル）に置き換えられることが多いことも知っておいた方がいい。

内視鏡を用いた膵体尾部《すいたいびぶ》切除術、開腹による手術、彼はどちらも完璧にこなした。

語句の並列にはテンを使えと指摘する文章読本が多いが、それは必ずしも正しいとは言えない。マルに置き換えることで文が生き生きとしてくることもある。

内視鏡を用いた膵体尾部切除術。開腹による手術。彼はどちらも完璧にこなした。

どちらを使うかは文法だけでなく、書き手の好みによるところもあるかもしれないが、テンの数はなるべく減らそうという意識も持っていた方がいい。また、長い文章を書くと重文が頻繁に出現する。その際、本当に重文がふさわしいのか、マルを用いて文を切った方がいいのかは、よく考えた方がいい。

1つの文の中に情報を詰め込みすぎない方がなめらかに読めるし、実際さきに挙げた文は読みやすい。

この文は重文として問題なく成り立っているが、マルを用いると文章に力や勢いが出る。

1つの文の中に情報を詰め込みすぎない方がなめらかに読める。実際さきに挙げた文は読みやすい。

このように見てくると、マルの効用も分かるはずだ。私の文章は、あまり重文を使わず、マルで文を区切っていることが多い。

それでは具体的に、どういう箇所にテンを打つべきか、読点のルールについて考えてみたい。

3 読点のルール

２章で「**彼女は目を輝かせて話し続ける彼を見つめていた。**」という文を引用した。そして、目を輝かせている人間が誰かによって語順を次のように変えた。

A　彼女の場合：話し続ける彼を目を輝かせて彼女は見つめていた。
B　彼の場合：目を輝かせて話し続ける彼を彼女は見つめていた。

ここで、主題である「彼女は」を前に出したい場合、テンが必要になる。

A　目を輝かせて彼女は、話し続ける彼を見つめていた。
（あるいは、彼女は、話し続ける彼を目を輝かせて見つめていた。）

B　彼女は、目を輝かせて話し続ける彼を見つめていた。

つまり、**語順をひっくり返すときにテンが必要になる。**この逆順のテンの原則を最初に見出したのは本多勝一さんであると私は認識している。日本語を論じるうえでの大発見だろう。

ＳＮＳでもメールでも、自分の意見を文章で表現する機会は多い。そうした場合、先頭に「私は」がくることが非常に多い。例えば、「今の自民党には賃上げを具体化する政策が必要だなあ」と思っているとしよう。これを話し言葉でストレートに文字化すれば次のようになる。

私は今の自民党には賃上げを具体化する政策が必要だと思う。

これは前に述べた複文の形である。「私は」～「思う」という主部の中に、「自民党には賃上げを具体化する政策が必要だ」という主語→述語が入っている。ところがこの文では、「私は今の自民党」と言葉がくっつくので読みにくい。これを修飾語の長い順に並べ直すと、

今の自民党には賃上げを具体化する政策が必要だと私は思う。

となる。しかし話し言葉のように「私は」を前に出したいと思う書き手は多いだろう。そこで逆順としてのテンを使う。

私は、今の自民党には賃上げを具体化する政策が必要だと思う。

「私は」→「テン」という文の流れを頻繁に見かけるはずだ。「私は」のあとにテンがあるのにはこうした理由がある。

同じような例をもう少し示そう。

看護師が差し出すメスを医師の私は手に取る。
この患者には内視鏡手術が最適だと私は結論づけた。

これらを逆順にしてテンを打てば、次のようになる。

医師の私は、看護師が差し出すメスを手に取る。
私は、この患者には内視鏡手術が最適だと結論づけた。

重文が複雑になると、多重の入れ子の形式になって非常に読みにくくなる。例えば次のような文だ。

医師は看護師が患者が辛い思いをしていることをいつも見ていると知っている。

この文の語順を正せば、

患者が辛い思いをしていることを看護師がいつも見ていると医師は知っている。

になる。「医師」を先頭に持ってくるなら逆順のテンを使って、

医師は、患者が辛い思いをしていることを看護師がいつも見ていると知っている。

とすればいい。入れ子形式であっても語順とテンを使えば、誤解なく表現できる。逆順のテンを使うべき文をもう少し例示する。

コロナワクチンは感染症の危険度などから、まん延を防ぐ緊急の必要性があるために全額国費負担で進められている。

朝日新聞　２０２２年11月8日から引用

受ける言葉の「全額国費負担で進められている」にかかるのは、先頭の「コロナワクチンは」と「感染症の危険度などから、まん延を防ぐ緊急の必要性があるために」である。つまり先頭の「コロナワクチンは」は逆順なのでテンが必要になる。

コロナワクチンは、感染症の危険度などから、まん延を防ぐ緊急の必要性があるために全額国費負担で進められている。

これが正しい文である。同じような文をもう1つ引用する。「査読」とは科学論文を審査することである。

> 福井大教授が査読を担った千葉大教授と協力し、投稿した学術論文の査読に自ら関与する「査読偽装」をした疑いがある問題で、福井大の調査委員会が、不適切な査読操作があったと認定したことが関係者への取材でわかった。
>
> 毎日新聞 2022年12月18日から引用

一読して意味が取れる人はあまりいないのではないだろうか。福井大教授が査読を担ったのであろうか。そうではない。

「『査読偽装』をした疑いがある」にかかるのは、「福井大教授が」と「査読を担った千葉大教授と協力し、」と「投稿した学術論文の査読に自ら関与する」の3

つである。逆順になるので、「福井大教授が」のあとにテンが必要になる。次のようにすれば読みやすい。

福井大教授が、査読を担った千葉大教授と協力し、投稿した学術論文の査読に自ら関与する「査読偽装」をした疑いがある問題で、福井大の調査委員会が、不適切な査読操作があったと認定したことが関係者への取材でわかった。

なお、この文は、「福井大教授が」の部分を正順で書いた方が分かりやすい可能性がある。正順にして後半の語順を整えると次のようになる。

査読を担った千葉大教授と協力し、投稿した学術論文の査読に自ら関与する「査読偽装」を福井大教授がした疑いがある問題で、不適切な査読操作があったと福井大の調査委員会が認定したことが関係者への取材でわかった。

さて、倒置法と表現される文がある。

成功だね、この手術は。
気をつけた方がいいよ、小児喘息は。
必ずしもそうとは言い切れないんだ、軽症の新型コロナ感染症は心配ないと。

これらはすべて逆順のテンであることが分かる。テンを抜いてしまうと日本語として成り立たない。

逆順のほかにもテンの役割がある。それは**文章の息継ぎ（ブレス）**である。話し言葉でいえば、文を一瞬区切ってしゃべりをスムーズにする。書き言葉でいえば、文字と文字を「分かつ」働きである。

例えば、

> ところがその手術は失敗に終わった。
> ところが、その手術は失敗に終わった。

この両者の違いはなんだろうか。

前者は、一気に読者に読んでもらいたいときの表現である。後者は、「ところが」のあとにブレスが入る。ちょっとした時間のためを作る役割をテンが果たしている。もし日本語にブランク（空欄）という表現があればこうなる。

ところが　その手術は失敗に終わった。

言葉を分かつと間ができる。テンはブランクの代用となっている。またテンを使わず、点線（3点リーダー）を用いて、

ところが……その手術は失敗に終わった。

と書くことと同じである。

こう言えばかんたんに聞こえるかもしれないが、文にはさまざまな形があり、どこにテンを入れるかはなかなか悩ましい。水泳でひと搔きごとに息継ぎをしたらむしろ苦しいだろう。かといって、100メートルを息継ぎなしで泳ぐのも相

当苦しい。具体的にどういう箇所にテンを打つか、例を挙げて考えてみたい。
まず重文にはテンが必要である。

私は外科医で彼は小児科医です。

と書く人はいない。では、さきほどのように2つの文をブランクで分けてみるとどうなるか。

私は外科医で　彼は小児科医です。

こういう空間を開けた日本語の正しい表記はないが、格段に読みやすくなる。

そこでブランクの代わりにテンを打って文を分かつ。

私は外科医で、彼は小児科医です。

これが重文におけるテンの役割だ。
先に述べたテンの使い方も分かつという意味がある。

彼女は目を輝かせて話し続ける彼を見つめていた。

この文章は意味によって、

彼女は　目を輝かせて話し続ける彼を見つめていた。
彼女は目を輝かせて　話し続ける彼を見つめていた。

と表現できる。ブランクにテンを入れれば伝えたいことが伝わり、この文を読んでいるあなたも、ブランクのところで一瞬間を置いているはずだ。

長い文になるとテンの打ちどころが難しくなる。そこで、修飾語が長い場合にテンを打つのが極めて有効になる。作例を挙げる。

彼は消化器外科の教授だった。神の手と称される手術の腕前を持つ、研究業績が抜群の、教育に熱心な教授だった。

2行目の「教授」にかかる言葉は、

「神の手と称される手術の腕前を持つ」

「研究業績が抜群の」

「教育に熱心な」

の3つである。長い順になっているので順序として正順であるし、手術の腕前という外科医としての最も大事なことから説明を始めて、研究→教育という順に並んでいるので文としては問題なさそうに思える。ただ、この文をテンなしに読むのはしんどい。


彼は消化器外科の教授だった。神の手と称される手術の腕前を持つ研究業績が抜群の教育に熱心な教授だった。

これではブレスが入らずに苦しい。だから長い修飾語が3つあれば、その境目

の2つにテンを打つ。これを原則にすると文がなめらかになる。**テンの数は「長い修飾語の数のマイナス1」**である。

3つの修飾語に対して3つのテンを打った文をよく見かけるが、これは最後のテンが余分ということになる。次のような文にはしない。

彼は消化器外科の教授だった。神の手と称される手術の腕前を持つ、研究業績が抜群の、教育に熱心な、教授だった。

必要なところにはしっかりとテンを入れなければならない。長い修飾語のあとのテンがないために読みにくい文をよく見かける。次の例はどうか。

4大会連続で決勝に臨んだ青森山田は大津の体を張った堅い守備をな

かなか崩せなかったが、前半37分にCKからDF丸山大和のヘディングシュートで先制点を挙げた。

朝日新聞 2022年1月10日から引用

このままでは、「青森山田は大津の体を張った」と誤読されかねない。この文も「青森山田は」と「大津の」の間に、長い修飾語の後のテンが必要である。つまり長い修飾語とは意味の一まとまりなので、直後にテンを打たないと次の長い修飾語とくっついてしまい誤読される危険性が高くなる。

次の文を見てほしい。

何種類もの紅茶を取り揃えたこの家に住む女性が訪問してきた看護師を歓待した。

テンなしでも読めないこともないが、修飾語のあとにテンのルールを使うと、

何種類もの紅茶を取り揃えたこの家に住む女性が、訪問してきた看護師を歓待した。

となり読みやすい。ところが書籍や新聞で次のような文をしばしば見かける。

何種類もの紅茶を取り揃えた、この家に住む女性が訪問してきた看護師を歓待した。

明らかなテンの位置の間違いである。

文が長くなると、逆順のテンとブレスのテンの両方が必要になってくる。そういう例を見てみたい。

東京都の小池百合子知事は12日、経済団体に新型コロナのオミクロン株の感染急拡大で従業員の1割超が欠勤する前提で、事業継続計画（BCP）を策定、点検するように要望した。

朝日新聞 2022年1月12日から引用

少し引っかかるのではないだろうか。その理由は「経済団体に新型コロナのオミクロン株」という部分が読みにくいことにある。そこでこの文を分解してみる。

①【東京都の小池百合子知事は】

②【12日、】
③【経済団体に】
④【新型コロナのオミクロン株の感染急拡大で従業員の1割超が欠勤する前提で、】
⑤【事業継続計画（ＢＣＰ）を策定、点検するように】

↓

要望した。

④→⑤→①→③→②の順に長い。テンを使わないでこの文を、長い順に並べ替えてみる。なお、「12日」には「に」を補う。さらに「策定、点検」は「策定・点検」とする。

新型コロナのオミクロン株の感染急拡大で従業員の1割超が欠勤する前提で事業継続計画（ＢＣＰ）を策定・点検するように東京都の小池百

合子知事は経済団体に12日に要望した。

この文が本来あるべき原型とも言える形であろう。しかし、情報の伝え方として、書き手は「小池都知事が、12日に、経済団体に～要望した」という並びにしたかったのであろう。そこで、逆順のテンを使い、長い修飾語のあとのテンを使ってみる。

東京都の小池百合子知事は12日、（逆順）経済団体に、（逆順）新型コロナのオミクロン株の感染急拡大で従業員の1割超が欠勤する前提で、（修飾語のあと）事業継続計画（BCP）を策定・点検するように要望した。

これが一番読みやすい語順とテンの使い方ではないだろうか。

ただ、息継ぎなどは主観的なものであり、ルールとは呼べないという反論もあるかもしれない。だが、前述したように、

ところがその手術は失敗に終わった。

ところが、その手術は失敗に終わった。


の両者が成り立つということは、テンの打ち方にはある程度の自由度があるということを示している。そうであれば、「息継ぎ（ブレス）のテン」という少しゆるいルールがあってもいいと思うし、それ以上に厳格なルールは作れないと私は考える。

最後に「助詞の省略」と「テン」の関係について述べる。まずは例文から。

小泉元総理大臣は14日、横須賀市で開かれた市民フォーラムで脱原発の必要性を講演した。

こういう文をよく見かけるだろう。新聞記事では定型文と言ってもいい。ここに、「14日、」という語がある。このテンにはどういう意味があるのだろうか。この文を長い修飾語の順に並べ直すと次のようになる。

横須賀市で開かれた市民フォーラムで脱原発の必要性を小泉元総理大臣は14日、講演した。

このテンは「に」の代わりではないだろうか。助詞を省略するときにはテンが穴埋めをしているようである。テンを「に」に変えると、次のようになる。

横須賀市で開かれた市民フォーラムで脱原発の必要性を小泉元総理大臣は14日に講演した。

こうした使用法のテンは日常で頻繁に使われている。

ワンチャン、あるね。↓ワンチャンがあるね。
オラ、悟空だ！↓オラは悟空だ！
アバンギャルドジャズ、最高だぜ。↓アバンギャルドジャズって最高だぜ。

助詞を省いたことで間が開き、そこでブレスが必要になる。「助詞を省いた穴埋めとしてのテン」というルールは意外と多用されている。

テンに関するこれまでの説明をまとめると、次のようになる。

①逆順ではテンを打つ

②息継ぎ（ブレス）ではテンを打つ（複数の長い修飾語のあとや重文の境目）

③助詞を省くときにテンを打つ

4

まず読点のない文章を書いてみて、必要な場所に読点を入れていく

テンを上手に使いこなすためには、まずテンのない文を書いてみることを勧めたい。そののちに必要な場所にテンを入れていくと、テンがきらりと光ってその役目がよく見える。**ふだんからなるべくテンを打たない文を書くことを心がけたい。**そうすれば自然と語順が正しくなり、意味のあるテンがしっかりと打てるようになる。

『「文章術のベストセラー100冊」のポイントを1冊にまとめてみた。』（藤吉豊・小川真理子／日経BP）には、テンの打ち方に関して8つのルールが示されている。それらのテンが本当に必要か考えてみたい。

① 文の切れ目に打つ

姉の家族が遊びにきたので、祖父は喜んだ。

【私の意見】テンはなくてもいい。「姉の家族が遊びにきたので」も「祖父は」も「喜んだ」にかかる修飾語であるが、「祖父は」は短い言葉である。こういうときのテンは不要である。前述したように、長い修飾語が2つあるときに1つテンを使う。例えば、

大好きな日本酒を私が持ってきて、姉の家族も遊びにきたので祖父は喜んだ。

② 修飾する文章が長いとき、そのあとに打つ

昨夜は借りてきたビデオを遅くまで観ていたので、今朝は眠い。

【私の意見】修飾語が長くても、それが1つだけであるならばテンは不要である。この文ならテンは打たない。

③ 対等に語句を並べるときに打つ

家族も、友人も、同僚も、みんなが彼を心配していた。

【私の意見】打たなくていいのではないだろうか。テンの有用性が下がってしまう。少なくともルールとは呼べないし、息継ぎが続いてかえって苦しくなる。「同僚も」のあとにだけテンを入れるという選択はあるだろう。

家族も友人も同僚も、みんなが彼を心配していた。

④ 接続詞、逆順の助詞のあとに打つ

今はいい天気だが、明日は大雨の予報だ。

【私の意見】重文なのでテンを打つ。

⑤挿入された語句の前後や文節を区切るときに打つ

今日の会議のテーマは、先日お伝えしたように、来期の予算についてです。

【私の意見】この文の正しい語順は、

先日お伝えしたように今日の会議のテーマは来期の予算についてです。

である。逆順になっているのでテンを用いる。ただし、2番目のテンは不要かもしれない。「挿入された語句の前後にテンを打つ」という考え方には賛成できない。

⑥引用を示す「と」の前に打つ

歴史は繰り返される、と先生が言った。

【私の意見】打つ必要はない。引用するときは「　」でくくった方がいい。

「歴史は繰り返される」と先生が言った。

⑦ 感動詞や呼びかけの句のあとに打つ

ねえ、私の話を聞いている？

ねえ。私の話を聞いている？

【私の意見】テンではなく、マルでもいい。ルールとまでは言えない。

⑧ 修飾する語とされる語の関係を明確にするために打つ

生まれてはじめてフランス料理のフルコースを食べて、感激しました。

【私の意見】ルール①②と変わらないことを表現しているようにしか私にはとれない。テンは不要であろう。

ここまで不要なテンは可能な限り排除すべきであることを書いてきた。だが自分の書いた文章を読むと、不要なテンが入っていて、あとから恥ずかしい思いをすることがある。不要なテンがつい加わってしまうのは、書いている途中で不要な息継ぎをして、次に続く文章を考える瞬間に思わずテンが入るからだろう。

さて、これまで語順とテンの打ち方について詳述した。最後に1章で例示した悪文について、テンを含めてどう直せばいいか解説しよう。もう一度引用する。

私はどんなときでも慌てず騒がず威風堂々としている教授がおどおどしながら様子を伺っている医局員の前で短時間で肝臓を切除する手術をやってのける場面を目を瞠りながら見つめていた。

この文の骨格は「私は目を瞠りながら見つめていた。」である。何を見ていたか。それは「やってのける場面」である。では、「やってのける場面」にかかる修飾語を整理しよう。

①【どんなときでも慌てず騒がず威風堂々としている教授が】
②【おどおどしながら様子を伺っている医局員の前で】
③【短時間で】
④【肝臓を切除する手術を】

①→②→④→③の順に長い。では長い順に並び替える。

どんなときでも慌てず騒がず威風堂々としている教授がおどおどしな

がら様子を伺っている医局員の前で肝臓を切除する手術を短時間でやってのける場面を私は目を瞠りながら見つめていた。

これでもまだ分かりにくい。複数の長い修飾語がある場合はテンを打つルールを思い出そう。長い修飾語は①②④の3つだから、テンは2つ打てばいい。

どんなときでも慌てず騒がず威風堂々としている教授が、おどおどしながら様子を伺っている医局員の前で、肝臓を切除する手術を短時間でやってのける場面を私は目を瞠りながら見つめていた。

これならば分かりやすいはずだ。

5　文が長くなる場合は、複数に分ける

語順を正しくし、適切な場所にテンを打っても、文が読みにくいケースがある。そういうときは、文が長すぎることに原因があることが多い。その場合、句点で区切って文を複数に分ける。次の作例を見てほしい。

千葉県千葉市のショッピングモールで、父親が目を離した隙に2歳の男の子が行方不明になった事件で、男児を発見・保護した80代の女性が、「この歳になって人様のお役に立てるとは思っていませんでしたので、本当によかったです」と述べていることが警察の発表で明らかになった。

この文は読みづらい印象がある。テンの前に助詞の「デ」「ガ」が連続していることもリズムを悪くしている。全体で131文字ある。日本語として成立しているものの、文を分かてばさらに読みやすくなる。

千葉県千葉市のショッピングモールで、父親が目を離した隙に2歳の男の子が行方不明になる事件があった。男児を発見・保護した80代の女性は、「この歳になって人様のお役に立てるとは思っていませんでしたので、本当によかったです」と述べていることが警察の発表で明らかになった。

次の例はどうか。主語が先頭にきて、述語が最後になり、その間に長い修飾語があると確実に読みにくくなる。

立憲はこれまで、実際には子育てをしていない元配偶者に給付された場合、自治体が立て替える形で子育て中の親に支払い、元配偶者から回収する方針を掲げている兵庫県明石市から聞き取りなどをして法案を準備してきた。

朝日新聞 2022年1月18日から引用

文字数は101とやや長く、先頭の「立憲は」と末尾の「準備してきた」は離れすぎて読みにくい。そこで文を分かつと、まったく別の文章に変わる。

立憲はこれまで、兵庫県明石市から聞き取りなどをして法案を準備してきた。同市は、実際には子育てをしていない元配偶者に給付された場合、自治体が立て替える形で子育て中の親に支払い、元配偶者から回収する方針を掲げている。

これなら問題なく読めるだろう。同じく主語と述語が離れている例を引く。この文章は実際に新聞記事にあった例だが、内容が生々しいので、文章の構造はそのままに語句を書き換えた。

再逮捕容疑は共謀のうえ、2020年9月ごろ、同県千葉市の住宅一帯にいわゆるアポ電をかけ複数の高齢者の個人情報を引き出し、そのうち75歳女性からキャッシュカードの暗証番号を聞き出してそれぞれが預金を引き出し、2021年1月15日ごろ、80歳の独り暮らしの女性宅の家へ押し入り、A容疑者が女性を刃物で脅すなどして、女性が抵抗できない状態にしたうえで、B容疑者が金品を奪うなどし、口止めのために女性を強い言葉で脅して暴力を振るったとしている。

文字数が218と長く、主語と述語が文頭と文末に離れすぎてかなり読みにくい。意味もとりにくく、悪文と言われてもしかたがない。例えばこういうふうに変えてみてはどうか。

再逮捕容疑は次の共謀の3点である。まず、2020年9月ごろ、同県千葉市の住宅一帯にいわゆるアポ電をかけ複数の高齢者の個人情報を引き出し、そのうち75歳女性からキャッシュカードの暗証番号を聞き出してそれぞれが預金を引き出した。もう1点は、2021年1月15日ごろ、80歳の独り暮らしの女性宅の家へ押し入り、A容疑者が女性を刃物で脅すなどして、女性が抵抗できない状態にしたうえで、B容疑者が金品を奪った。さらに、口止めのために女性を強い言葉で脅して暴力を振るったことである。

4つの文に分けたことによって、読み手には格段にやさしくなっただろう。新聞記事には文字数をなるべく少なくしなければいけないという事情があるらしい。そのため多くの内容を1文に詰め込みすぎたのかもしれない。ここではあくまでも「読みやすさ」の観点から複数に文を分けてみた。

6 漢字とひらがなは、どちらも使いすぎずにバランスをとる

次の文をどう感じるだろうか。

> 毎年中高年の男性が高率に癌にかかる。

「毎年中高年」はさすがに読みづらいと思う人が多いだろう。語を分かつ目的でテンを使うのは、かなり一般的である。

毎年、中高年の男性が高率に癌にかかる。

だがこれは実は逆順のテンなのである。正しい語順は長い順に並べるとはっきりする。

中高年の男性が高率に毎年癌にかかる。

今度は、「毎年」と「癌」がくっついて「毎年癌」となり読みにくくなっている。こういうときは、「癌」を「がん」に開く（ひらがなにする）。

中高年の男性が高率に毎年がんにかかる。

漢字もひらがなも使いすぎずにバランスをとることが重要で、特に「漢字」と「漢字」、「ひらがな」と「ひらがな」が連続しないように表現することが読みやすくなるこつである。

いま、「読みやすくなるこつ」と書いたが、こういうときは、「読みやすいコツ」にするとか、「読みやすいこつ」にするとかの工夫が必要である。

7　助詞によってニュアンスが変わる

今冬初めて熱燗《あつかん》を飲んだ。

シンプルな文だが、誤解されやすい文である。「今年の冬になって初めて、今日熱燗を飲んだ」ともとれるし、「今年の冬に、熱燗なるものを初めて飲んだ」ともとれる。そこで助詞を補ってみる。

今冬初めての熱燗を飲んだ。（前者）
今冬に初めて熱燗を飲んだ。（後者）

助詞が加わるだけで意味が変わる。

電気メスだけで、腸の癒着《ゆちゃく》をすべて剥《は》がせなかった。

この文では意味がはっきりと通らない。部分的に剥がすことができたのであれば（普通の手術ならそうだ）、次のようになる。

電気メスだけで、腸の癒着をすべては剥がせなかった。

これなら言いたいことが伝わる。電気メスで部分的に剥がして、残りはほかの器具で剥がしたのであろう。そうであれば、さらに「ハ」を補う。

電気メスだけでは、腸の癒着をすべては剥がせなかった。

これですっきりと意味が通るようになった。ただ、「ハ」が連続する文は読むときにリズムが悪いので、本当に必要なとき以外は使わないようにしたい。

私は、教授は一番手術がうまくあるべきだと考える。

こういった文は根本的に書き換えて、

私は、教授の手術が一番うまくあるべきだと考える。

とすると、「ハ」の重なりを避けられるので読み心地がいい。

このように**助詞はわずか1文字であっても、文全体の意味を変えてしまう力がある。**私たちはふだん助詞をうまく使えないなどと考えたりすることはないだろう。しかしさまざまな文章を読んでいると、不適切に助詞が使われていることを実際に目にする。助詞をおろそかにせず、丁寧に扱えば文章はそれだけでよくなる。

「ノ」はいろいろな意味に使えるので汎用される傾向にある。そのため意味が曖昧になり、また文の中で「ノ」が連続して読みにくくなったりする。

昨年出版の私の本は、若き研修医の私のドジを描いたものだ。

こうした「ノ」の連続した文はみっともないので書かない。

昨年出版した私が書いた本は、若き研修医だった私のドジを描いたものだ。

とにかく「ノ」は便利なので、つい使ってしまう。その結果、「ノ」が連なることがあるので、注意が必要だ。

「デ」も言葉をつなげるときに便利なので汎用される傾向にある。助詞としての意味も曖昧なので、使う際には注意が必要である。

新聞でこういう表現を見た。

店の常連で店員に暴行を働いたと疑われている容疑者

意味はとれるが、明らかに読みにくい。なぜならば修飾語が長い順になっていないからである。

店の常連で
店員に暴行を働いたと疑われている
↓
容疑者

そこで、かかる言葉を長い順にすると、

店員に暴行を働いたと疑われている店の常連で容疑者

となって文が破綻する。なぜかと言えば、「デ」の使い方が不適切だからである。

店員に暴行を働いたと疑われている店の常連である容疑者

とすればすべて解決する。

同じく「デ」を使った文を見てほしい。「侵襲」とは体への負担という意味だ。

低侵襲で出血も少ない方法で、手術を行なった。

最初の「デ」は曖昧な助詞であり、次の「デ」は手段を表す助詞である。こういう文は避ける。助詞の部分を変えると次のようになる。

低侵襲であり出血も少ない方法により、手術を行なった。

この方がすっきりしているが、ここで新たに「ヨリ」という助詞が登場した。次に「ヨリ」について考える。

「ヨリ」には3つの意味がある。「〜カラ＝from（起点）」と「〜ヨリ＝than（比較）」と「～ヨッテ＝by（手段）」である。一方、「カラ」には起点を表す「from」の意味しかほぼない。したがって、「from」の意味で文を書く場合、「ヨリ」を使わずに、「カラ」を使うことをふだんから意識しておいた方がいい。

○　医学部長から学位記を手渡された。
×　医学部長より学位記を手渡された。

「カラ」と「ヨリ」は、次のように使いたい。

教授から、臨床を続けるより大学院へ進学することを勧められた。

「ヨリ」は、比較（than）と手段（by）のときに限定して使うようにしたい。
ただし少し注意が必要なのは、「カラ」は「ダカラ」の意味で使われることもときどきある。

2022年の立憲民主党の選挙候補者の公募のキャッチフレーズは『どうせ変わらないから、どうせなら変えようへ。』だそうだ。これは誤読されないか？前半の部分を『どうせ変わらないのだから』と誤解される可能性がある。この場合は「　」を使って、『「どうせ変わらない」から、「どうせなら変えよう」へ。』とするのがいいだろう。

「ハハ問題」と「ガガ問題」について述べておく。
前述したように「〜〜ハ〜〜ハ」という形は読みにくい。次の文を見てほしい。

再発を繰り返す白血病の子どもは、標準的な化学療法のあとに骨髄移植を受けるという治療法は、私は納得できる。

こういう文は根本的に書き改める。

再発を繰り返す白血病の子どもに対して、標準的な化学療法のあとに骨髄移植を行なうという治療法は、私にとって納得できるものだ。

「～ガ～～ガ」も読みにくいので、避けるべきである。例を挙げる。

今度の忘年会には、教授が好きな焼き鳥がメニューに含まれている。でも准教授は焼き鳥が嫌いなので、気分が悪いだろう。

これも次のように変える。

今度の忘年会には、教授の好きな焼き鳥がメニューに含まれている。
でも准教授は焼き鳥が嫌いなので、気分悪いだろう。

こうした「ガ」の重なりでは、「ガ」を「ノ」に変えられることが多い。

次に「ガ」と「ハ」の使い分けについて考えてみる。まずは誰もが知っている文章から引用する。

昔あるところにおじいさんとおばあさんが住んでいました。おじいさんは山に柴刈りに、おばあさんは川へ洗濯に行きました。

最初の「ガ」は、初めて出てくる「未知のもの」に対して使われる。一方、次に出てくる「ハ」はすでに出てきた既知のものを意味する。

千葉大学医学部附属病院には、神の手を持つ外科医がいると言われている。その外科医は胃切除を1時間以内に終わらせるらしい。

最初は「ガ」で、次には「ハ」となる。
では次の文はどうだろうか。

私は外科医です。

私が外科医です。

この違いについて考えてみる。

「私は」には「私について言えば～～です」という意味が込められている。言い換えれば、「内科医ではなく」「看護師ではなく」「患者ではなく」「見舞いの者ではなく」、「外科医です」という意味だ。つまりほかの対象物の中から「ハ～～」を選び取っているということである。

「私が」には「私こそが～～です」という意味がある。つまり、「あなたではなく」「彼ではなく」「彼女ではなく」「あいつらでなく」、「私が」ということを示している。ほかの対象物を振り落として、「〜ガ」をトップに据えているということになる。

すぐさま私は、部下が点滴を入れるのに失敗したので、彼と交代した。

「私は」と言えば、すぐさま交代したのである。誰が点滴を失敗したのかと言えば、私でなく部下である。「部下が」失敗したのである。

①吾輩《わがはい》は猫である。

② 吾輩が猫である。

①は、「あなたは何者ですか?」と聞かれたときに、「ハ〜〜」というように「ハ」のあとに答えがくる。②は、「誰が猫ですか?」と聞かれたときに、「〜〜ガ」という形で「ガ」の前に答えがくる。

これを問いと答えの形式で示してみる。


「明日、雨は降るかね?」

「このぶんだと雨は降るだろうね」

「明日の天気はどうなりそうだい?」

「雨が降るんじゃないかな」

このように整理するとかんたんなように感じられるかもしれない。だが実際は「ガ」と「ハ」の使い分けに悩むケースもある。

トヨタ自動車が世界販売台数で2年連続の首位となる見通しとなった。ライバルの独フォルクスワーゲン（ＶＷ）が12日に公表した２０２１年の世界販売がグループ全体で前年比４・５％減の８８８万2千台だった。トヨタの昨年1～11月の販売がＶＷの年間実績を超えた。

朝日新聞　２０２2年1月13日から引用

「ガ」が4つ並び読みにくいという問題は横におき、ここでの「ガ」と「ハ」の使い方は適切であろうか。まず、「トヨタが首位の見通しとなった」。なぜなら、

「フォルクスワーゲンが公表した販売数が減った」からだ。その結果、トヨタについて言えば、「トヨタは超えた」のである。したがって最後の「ガ」は「ハ」の方が読みやすいかもしれない。

もう1つ例を挙げる。

岸田文雄首相は13日、日本学術会議の梶田隆章会長と首相官邸で面会した。梶田氏は菅義偉政権時代に任命されなかった会員候補6人を改めて任命するよう求めたのに対し、首相は「菅氏が最終的に決めたことだ」と応じた。

産経新聞 2022年1月13日から引用

岸田首相について言えば、「梶田会長と面会した」。その梶田会長こそが「任命するように求めた」。しかし岸田首相はと言えば、「〜〜と応じた」。ここは微妙であるが、「梶田氏は」は「梶田氏が」の方が読みやすいように感じる。「○○は～～したのに対し、△△は～～と応じた」とするよりも、「○○が～～したのに対し、△△は～～と応じた」の方が文の構成が素直である。なお、「梶田氏は」のあとにはテンが必要である。

8 推敲は大事。語順と読点を再確認する

文章を書くという作業に比べて、「推敲」という作業はあまり大事に思われないことが多いようだが、その重要性は文章を書くことに勝るとも劣らない。ただ、推敲が楽しい作業かと言うと、必ずしもそうとは言えない。するとどうしても推敲作業は甘くなり、文章が完璧に仕上がらないことになりかねない。

推敲でやるべきことはたくさんあるが、最も基本的なことは誤字脱字の修正である。そんなことは当たり前だと誰しもが思うだろう。しかしあなたが受け取ったメールには、時として誤字脱字が含まれていないだろうか。

私たちが目にする膨大なネット記事はどうだろう。そこにつく読者からのコメントは誤字脱字、変換間違いだらけである。ネットのコメントは匿名なので、いい加減な文章がどうしても多くなるようである。

メールを書く際、伝えたいことが伝わるのであれば少々文章が拙くても構わないが、誤字脱字はさすがにまずい。最低限の推敲は絶対に必要である。1000字以内の文章を推敲するにあたっては、モニター画面上でいいから音読することを勧めたい。

ブログは掲載したあとでも修正が効くが、メールはそうはいかない。数行で済むかんたんな連絡事項なら1回読み返せば十分だが、ビジネスメールで長文になる場合は音読しながら3回は読む。誤字脱字があれば、ビジネスの相手に「この人は文章をいい加減に書く人だ」と思われかねない。メールは手書きと違って手軽なコミュニケーションツールなので、だからこそ誤字脱字をなくしたい。

そのうえで注意したいのは、とくにビジネスメールでは5W1Hをクリアにすることだ。主題が何であるか分かっていないと文章は意味をなさない。そういうときはベタな文章でいいから、これは何について語っているかをはっきりさせ、また、くどくなっても構わないから繰り返し主題を提示することが重要である。ビジネスメールにうまさはいらない。

ブログなどの趣味の文章の場合、内容に自分らしさを出し、自分の文体を使って表現したくなるだろう。600〜1000字程度であれば頭の中で文章を作り上げ、原稿を書いたあとに音読をすれば、ほぼ自分の思っている文章はできあがる。

ブログをアップする前には必ずプレビュー機能を使って全文を表示する。もう一度音読し、誤字脱字や繰り返しの表現をチェックし、段落を再考する。一番言いたいことを効果的な表現に直す。語順は正しいか、テンの打ち方は適切か確認する。原稿をアップしたあとで、さらに必ず全文を読み返す。するとプレビュー画面では見つからなかったミスを発見することがある。そこで再度修正をするという流れになる。

第4章

「生きている文章」に大切なこと

1

リズム感があって、どんどんページをめくりたくなるような文章

「分かりやすさ」「読みやすさ」を基本として、次に考えることは、**文章にリズムをつける**ことだ。文章が長くなればなるほどリズムが必要である。2000字を超える文章には必須である。また、数十枚に及ぶレポートとか、1冊の書籍とかにも、読み手がどんどんページをめくりたくなるようなリズムがほしい。それがある文章を、私は「生きている文章」と呼んでいる。

1文が40〜60字のシンプルな短文には、分かりやすさがある一方で限界もあり、短文が延々と続くとメリハリを失う。長い文章には、ちょっと極端なことを言えば、「三・三・七拍子」のような、あるいは「七五調」のようなリズムがほしい。

だからリズムを優先して不要な語をあえて残す選択もある。文のリズムを整えるために、「しかし」で済むところを、「しかしながらそうは言うものの」とか過

剰に表現するのも技術の1つである。そうすることで、文が生きてくる。
次に引用するのは、私が研修医だったときの飲み会のシーンである。

あちこちで話の輪が広がり、そこらここらでドッと笑いが上がった。何だか1年間の鬱憤を晴らすかのように、みんな豪快に飲み、喋り、ふざけ合った。そうして研修医たちの夜が更けていく。ぼくもけっこう日本酒を飲んだ。寒かったけど、冷酒を飲んだ。

『どんじり医』松永正訓／CCCメディアハウス

31文字→38文字→18文字→15文字→14文字という流れを作った文である。山の稜線を描くように、さっと曲線が立ち上がり、なだらかに下降していくというイメージだ。全体としては、比較的短い文で構成されているが、それでもリズムを感じ取ることはできるだろう。最後は「冷酒を飲んだ」で終わるので、場の盛り上がりが伝わるとともに、ちょっとクールな余韻が残る。

リズムにプラスして**強弱**もほしい。両者はあいまって強いメリハリになる。プロの技術を見てみよう。ノンフィクションライターの野村進さんが、ノンフィクションの手法を標準化しようと考え、執筆した実用書からの引用である。ノンフィクションであっても、単に分かりやすい文体にとどまることなく、野村さんはメリハリをつけて文章を綴っていく。

これは訊かないほうがいいのではないかという質問がある。インタビュー中に思い浮かぶ場合もしばしばある。このことを尋ねたら、失礼ではないか。先方の気分を害するのではないか。いや、それどころか相手を激怒させはしまいか。

そのようなためらいを抱かせる質問があったら、どうするか。

必ず訊くことだ。これは強調しておきたい。ひるむ心を奮い立たせて、必ず問いかけることである。

『調べる技術・書く技術』野村進／講談社現代新書

「必ず訊くことだ」がうまい。その前の段落で、読者は「どうするか」と問いかけられている。その問いに対して読者は一瞬答えに詰まるだろう。人によっては、「遠回しに訊く」とか、「もっと取材を重ねて人間関係を作ってから訊く」という答えを用意するかもしれない。ところが筆者の答えはど真ん中一直線である。この決然とした意思表示がプロの矜持なのだと読者に思わせる。ここは絶対に改行が必要であろう。もう少しプロの技術を見てみる。

『魂を撮ろう　ユージン・スミスとアイリーンの水俣』（石井妙子／文藝春秋）では、倒置法と体言止めが多用されており、それが詩情に富んだ絶妙な表現となっている。

水俣を訪れた写真家ユージン・スミスが、水俣病の娘を母が風呂に入れる瞬間を撮影したシーンはこう描かれる。

彼は構図を決め、光の効果を計算した。窓から入る光、風呂の水面に反射する光、アイリーンに持たせたスレイブライトの光。湯気の流れを。そして、すべてと共鳴しながら、とりわけ智子と良子の波動に彼のそれを合わせながら、その瞬間を撮った。

こういう文章は、一流のノンフィクション作家にしか書けない。この本は内容も優れているうえに、文章表現にハッとする箇所が多い。この引用文で言えば、「湯気の流れを」で締めるところが秀逸である。参考文献としてぜひ勧めたい。体言止めの是非については本章の最後でもう一度触れる。

2 短さにこだわりすぎず、長い文章も混じっていい

全体の文章が一本調子にならないように、短いシンプルな文だけでなく、長い文も混じっていた方がいい。そうやって長短のメリハリで文章にリズムが生まれ、読者を惹きつけることができる。

次に引用するのは、若き日の私が大学受験の前日に、その大学に右翼傾向の体質があることが分かり、やる気をなくす場面である。

> この頃、市井三郎の『歴史の進歩とはなにか』（岩波新書）などを読んで、「不条理の苦痛の処理には連帯が必要で、それが歴史の進歩になる」などとアカがかっていたぼくは、一発で萎えた。萎えて試験も落ちた。

一浪＝ヒトナミである。

『どんじり医』松永正訓／CCCメディアハウス

こういうリズム感は意識して作っている。短い文でつないでいったら、きっとおもしろくない文章になっているだろう。87文字→10文字→11文字という流れで読んでもらうと、読書にリズムが生まれる。

さらにもう1つ引用しよう。『小児がん外科医』の一節で、前半の山場における私の内なる声である。多くの子どもの死を見てしまったため、自己の人生観が変わっていく瞬間だ。

私は、何か、道を歩いているうちに、二度と引き返せない方へ歩いて来てしまったのではないかと思いました。普通の大多数のご家庭が一生の間にまったく知らない道。喜びがあって、笑いがあって、希望があって、そういったごく普通の道の裏にはもう一つの道があり、私はもはやそこから出ることができない所まで来ているのではないかと考えたのです。

50文字→26文字→85文字と文の長さに強弱をつけて、「出ることができない所まで来ている」という部分を強調している。3つ目の文が85文字とやや長くなっているのは、もちろん考えてそうしたことである。これによってリズムを作っている。

分かりやすく、読みやすい文章を書こうと思ったら、まずシンプルであることを意識し、無駄を削ぎ落として短く書くという方法をとることは間違いではない。ただし多くの文章読本で短い文を推奨しているのは、短文ならば語順やテンの打ち方に神経を使わなくていいからという理由もあるような気がする。

繰り返しになるが、短い文をしっかりと書けるようになったら、長い文にも挑戦してほしい。その際、語順とテンに最大限の注意を払ってほしい。そのうえで、長い文と短い文を組み合わせて意図してリズムを作ると、文章は必ず生きてくる。そういう文章は読者を飽きさせない。

私の文章は比較的短い文を重ねることでできているが、「ここぞ」という場面では思い切って文を長くし、豊かに語ることで躍動感とテンポを作り、それによって読み手に読書のスピードを上げてもらい、同時に文章に説得力を持たせようと意識して構成を考えている。こういう書き方は「読者を揺さぶる」のではないか。長編の文章を書く場合には、ところどころにそういうリズムを入れ込んでほしい。

3 重要性の低い主語は可能な限り削除した方がいい

日本語の「雨だ。」を英語にすると「It rains.」になる。英語には必ず主語が存在することをみなさんも知っているだろう。では、日本語はどうか。

教授が職員食堂で研修医とスペシャルランチを食べたこと

について考えてみる。この文を書くときに、書き手は何に重点を置くかで語の並びが変わる。重点を置く語とは、主題のことである。普通、主題の語は「ハ」で受ける。

書き手が「教授」を主題にしたいのであれば、

教授は、職員食堂で研修医とスペシャルランチを食べた。

となる。これが最も多い表現の形であろう。一方、「職員食堂」について書きたいなら、次のようになる。

職員食堂では、教授が研修医とスペシャルランチを食べた。

「研修医」を主題にしたいときはこうなる。

研修医とは、教授が職員食堂でスペシャルランチを食べた。

さらに「スペシャルランチ」をメインに書きたいのであれば、こう変わる。

スペシャルランチは、教授が職員食堂で研修医と食べた。

このように見てくると、日本語には何よりも主題が重要であって、主語なるものは重要でないことが分かる。

言語学者の三上章さんは、いわゆる「主語廃止論」を唱え、主語の代わりに「主格」という概念を作った。「象は鼻が長い」という文を分析したことがよく知られている。ここで「象は」の「ハ」は主語ではないと考える。「象について言えば」と提題しているのである。「ハ」には提題という本務があり、また同時に兼務がある。兼務とはほかの助詞の役割を担うことだ。「象は鼻が長い」とは「象の鼻が長いこと」を意味している。つまり「ハ」は「ノ」を兼務しているのだ。このように、「ハ」の兼務は「ガ」「ノ」「ニ」「ヲ」に及ぶとしている。

これまでも見てきたように、日本語は受ける言葉（述語）が中心で、主語はかかる言葉（修飾語）の1つにすぎない。あらためて一例を出してみる。

小児外科の教授は研修医に手術を教えるようになった。

これを分解すると次のようになる。

小児外科の教授は
研修医に
手術を
教えるようになった。

「小児外科の教授は」は主語であっても、「研修医に」「手術を」と同格である。それゆえ、「主格」という言葉を三上さんは使ったのである。

ここから言えることは、日本語に主語は必須でないことである。場合によっては主語がないことで文が読みやすくなる。さらに言えば、文の次元が高くなる。

次に、あまりにも有名な小説の書き出しを引用しよう。

国境の長いトンネルを抜けると雪国であった。

『雪国』川端康成／新潮文庫

この文にも主語がない。主題もはっきりしない。だけど、読者の眼前には情景がくっきりと浮かび上がる。あえて主題を文字化すれば、「トンネルを抜けたあとの景色は／世界は」になるのだろう。「そこは」などの陳腐な主語ならない方がはるかにいい。

こういう文はわれわれにはとても書けないが、主語を省くという努力はふだんからできるはずだ。主語を書かなくても文を成立させ、なおかつ主題を明示しなくても映像が立ち上がってくる文というものは、表現として最上であろう。

4 主語の省略でリズムが生まれる

小学生の作文は「ぼくは〜〜へ行って、ぼくは〜〜を見て、ぼくは〜〜をしました」という形になっていることが多い。案外、大人もそういう文を書いてしまう。主語を可能な限り省略していくと、文章にリズムが出る。

小児外科の教授は還暦をすぎ、これまで部下を育てることにあまり熱心でなかったが考えを変えた。研修医に手術を教えるようになった。

2つ目の文に「小児外科の教授は」あるいは「彼は」があると、あまりにもくどいだろう。文章の流れで主題が明確なときは、主語はない方がいい。ところが実際は、「彼」などで前文の主語を受けて、主語を繰り返す文章を見かけることが非常に多い。こういった主語はどんどん削除していった方が文章にリズムが出る。本書の「はじめに」から文章を抜き出してみる。

19年間、大学病院の医局に所属し、数えきれないほどの書類を書いた。科学論文は基本的に英語で書くが、学会発表の抄録や研究費の申請書は日本語で書く。

この文章には主語がない。書かなくても分かる。主語であり、主題であるのは「私」である。自分語りになっていることは、説明しなくてもすべての読者に理解してもらえるだろう。主題が明確であれば分かり切った主語は省く。もし、「私は」を入れると、こうなる。

私は19年間、大学病院の医局に所属し、数えきれないほどの書類を書いた。私は、科学論文は基本的に英語で書くが、学会発表の抄録や研究費の申請書は日本語で書く。

とたんに文章にキレがなくなり、稚拙な印象を与える。まるで例に挙げた小学生の作文のようになってしまう。自著から引用してみる。

働き方改革とか、パワハラという言葉がなかった時代だから、その勤務のしかたはメチャクチャなものだった。「ヒドイ巨塔」である。だけど、手術の技術が上達していくとか、保護者から感謝されるとか、いいこともあった。やりがいもあった。「面白い巨塔」である。

『どんじり医』松永正訓／CCCメディアハウス

1つのパラグラフに5つの文があり、最初の文を除いて、あとの4つの文には主語がない。だが読者には主題が見えているはずだ。それは「白い巨塔と揶揄《やゆ》される大学病院は／そこでの生活は」である。こういう文では積極的に主語を削っていく。そのことで文に勢いが出る。

また三上さんは、主語を省略できることを指して、「ハ」はピリオド（句点）を超えると表現している。次も自著から引用する。

ぼくは大学院での4年間で4本の英語論文を書いた。『ネイチャー』や『サイエンス』には書けなかったけど、『ネイチャー』に届くその一歩手前までは行った。その後ろ姿を見たような気持ちだった。

『どんじり医』松永正訓／CCCメディアハウス

3つの文から成り立っているパラグラフである。先頭に「ぼくは」がきて、そのあとの2つの文には主語がない。隠された主語は「ぼくは」である。つまり最初の「ぼくは」が句点を超えて、2つ目と3つ目の文の主語になっているのである。

さらに言うと、異なる主語を複数省くことも可能ではないかと私は考えている。次のような文を想定してみる。

昨夜私は、20年前に治療をした3歳の小児がんの女の子の夢を見た。夢の中でとても可愛いと思った。

可愛かったのは誰であろう。この言葉の主語は「彼女は」である。可愛いと感じたのは、「私」である。この文は実は複文になっている。

私は、（主語）彼女は（主語）とても可愛い（述語）と思った。（述語）

「私は」も「彼女は」も省いて表現できることが理解できるであろう。

重文について文の安定性を考えると、

私は外科医で、彼は小児科医です。

という形はいじりようがない。また何ら問題はない。しかし、ぼくらはランチを食べて、ぼくらは川沿いの岩畳を少し散歩して、15時頃にぼくらは帰途についた。

という重文はあり得ない。そこで、「ぼくらは」を1つだけにしてみる。

ぼくらはランチを食べて、川沿いの岩畳を少し散歩して、15時頃に帰途についた。

日本語として間違っていないが、この文では筆者の意図が伝わらない。これはデートの場面なので、「帰途についた」という寂しさの漂う場面に重点がある。したがって、「ぼくらは」の位置を変えてみる。

ランチを食べて、川沿いの岩畳を少し散歩して、15時頃にぼくらは帰途についた。

『どんじり医』松永正訓／CCCメディアハウス

こうすると、「ランチを食べて、」「川沿いの岩畳を少し散歩して、」「15時頃に」「ぼくらは」が修飾語として、一番強調したい「帰途についた。」にかかっていくので文に芯が通る。

5 主語と述語の位置関係を分かりやすく

これまで、重要性の低い主語を可能な限り削除した方がいい文になることを述べてきた。最後に、文章読本でよく見かける「主語と述語を近づけるべきだ」というルールの誤解について正したい。

3章の5で、先頭の主語と末尾の述語の間に長い修飾語が入ると文が読みにくいことを指摘した。確かにその通りだが、その解決法が単に「主語と述語を近づける」というのは問題がある。

彼が手術を手早く行なうことを私は知っている。

という文は、主語の「私は」と述語の「知っている」が近い関係にある。しかし別にこういう文でないと分かりにくいということはまったくない。逆順にしてテンを打てばいいだけのことである。

私は、彼が手術を手早く行なうことを知っている。

この形ならば、主語と述語が離れていても何ら問題ない。では、次の文はどうか。

彼の手術に内視鏡手術をこれまでさんざんやってきた私は不満がある。

主語の「私は」と述語の「不満がある」は近接しているものの読みにくい。なぜならば、「長い修飾語を先に」のルールを守っていないからである。

内視鏡手術をこれまでさんざんやってきた私は彼の手術に不満がある。

これが正しい語順で、主語と述語が離れていても何ら問題はない。「彼の手術に」を前に出したいのであれば、逆順のテンを打てばいい。

彼の手術に、内視鏡手術をこれまでさんざんやってきた私は不満がある。

一律に主語と述語を近づけろというルールに私は賛成しない。確かに主語と述語の間に、長い修飾語が連なる場合は文を分かつ方がいいだろう。しかしそこまで文が入れ子構造になっていないのであれば、「長い修飾語を先に」のルールを守れば問題なく読める。何度も言うが、大事なのは語順とテンの打ち方である。

6 やめた方がいい8つの表現

文章の表現技術にはさまざまなものがある。どれがよくて、どれがよくないかは一概に言えない。書き手の好みの問題もあるだろう。ただ、漫然と文章を書くのではなく、どういう表現がいいのか自分なりに考えて深めておくことは非常に重要だろう。この項では、私がふだん意識して避けている、あるいは慎重に使用している表現についてまとめてみる。

(1) 形容詞は腐る

以前、ノンフィクション作家の佐野眞一さんにインタビューしたとき、佐野さんから「形容詞は腐る。腐るから使わない」と言われた。これはノンフィクション文学などにおいて、事実を突きつけて読者を説得する場合には大事な心構えである。ノンフィクションの世界には昔から「説明するな、描写せよ」という言葉もある。この言葉も「形容詞は腐る」と同じ意味を持つ。

肝臓切除をする教授の腕さばきはみごとだった。美しいとさえ言えた。

「みごとだ」とか「美しい」とかという言葉は説明である。前者は形容動詞だが、佐野さんはこうした情緒的な言葉を「形容詞」と表現しているのだ。では、どう「みごと」で、いかに「美しかった」のか。こうした書き手の主観を書いてもそれは読者には伝わらない。事実で読み手を説得したいのであれば、その「みごと」で「美しい」技を描写する必要がある。

具体的には、血管を縛るスピードが通常の手術より速いとか、輸血を必要としないほど出血量が少ないとか、躊躇して手が止まる瞬間がないとか、具体的な教授の手術の姿を描写していくべきである。

1章で私は自著を引用し、手術後の子どもの体内で出血が止まらなくなった場面を書いた。

青いような黒いようなお腹が、はち切れんばかりに膨れ上がっている。

これは描写である。これを「子どもは大変なことになっていた」とか「お腹がすごいことになっていた」と書いてしまえばそれは説明であり、形容詞の表現であろう。そういう文はたちまち腐る。

小説などの文芸作品ではそういった形容詞を用いた表現はあり得るだろうが、ビジネス文書でもブログでも、もし自分に何か意見があって相手の同意を得たいと考えるならば、主観的に説明することよりも事実を描写することが重要である。また、こうした文章表現をふだんから心がけることで文章が上手になる。これはぜひ意識してほしい。

文章表現で一番容易なのは、自身の心理描写である。自分のことは自分が一番よく分かっているからである。反対に最も難しいのは風景の描写だと私は考える。一流のノンフィクション作家は風景描写に秀でている。

部落の何でも屋を通り越したところでタクシーを降り、とっぷりと暮れた四囲にしばらく眼を慣らしてから、川に懸けられた小さな木橋を渡ると、北にきれこむゆるやかな坂道を登りはじめた。右手すこし離れたところに幾軒かの家が点在し、藁屋根の下の表障子が電灯の光で明るくなっていたが、わたしのめざすおサキさんの家の破れ障子はその明度がひときわ低く、昔話に聞く狐狸《こり》の家のような感じさえした。

『サンダカン八番娼館』山崎朋子／文春文庫

この文章は、「からゆきさん」と呼ばれる海外売春婦を研究する筆者が、天草の田舎に老婆を訪ねていくシーンである。わずか188文字の情景描写によって、筆者の心細さとか、老婆の暮らす家の貧しさとかが、明確に説明されている。その結果、老婆の孤独や哀れさが浮かび上がってくる。こういう文章を書けるように腕を磨きたい。

(2) 定番の表現

新聞業界には「ナリチュー」という言葉があると聞いた。これは、「成り行きが注目される」の略だそうだ。新聞記事で最後の締めの言葉に困ると、つい「成り行きが注目される」を使ってしまうことがある時期に流行ったそうだ。同じ表現を繰り返し目にすれば、読者は白けてしまう。あるときから業界では「ナリチュー」は禁句のようなものになったらしい。

ただこうした定番の表現は新聞記事を含めて今でもよく見かける。例えば、インタビューに答えた政治家やスポーツ選手が何かの疑問を口にすると、締めの言葉は「～～と首を傾げる」となっていることが多い。実際にその人物が頭を斜めに倒したのであれば構わないが、これは定型文ではないか。

また、経営に行き詰まったり、天候の影響で作物が十分に採れなかった場合、締めの言葉は「〜〜と頭を抱える」となる。これも本当に両手を頭の上に乗せて俯《うつむ》いたのであろうか。

こういう文章を書くときは定型文に頼らないで、目の前の人物の表情や仕草を丁寧に描写するべきである。疑問を口にしている人ならば、「眉根《まゆね》にしわを寄せて小声でつぶやいた」という表現が本当のところかもしれない。頭を抱えている人は、実際には「表情を歪めて声を絞り出した」のが実際の姿かもしれない。

こういうところを読者は何気に見ている。人物紹介で「○○さんの朝は早い」という表現はつまらない。「驚きを隠せない」とか「肩を落とした」といった決まり文句で書き手が逃げれば、手を抜いているなと見透かされる。安易に流れず、たとえ描くても自分の見たことを実直に表現することが大事である。

比喩については次章で改めて取り上げるが、比喩も定番の表現に陥りやすいことが欠点である。少し例を挙げる。

プロ野球で新人投手がホームランを打たれれば、新聞ではほぼ100パーセント「プロの洗礼を浴びた」と書かれる。これはもはや「ナリチュー」ではないだろうか。ラグビーの新リーグが発足し、チームが初戦で敗れると「苦難の船出」である。これも決まり文句である。

もっと具体的な叙述が可能なはずである。「コントロールが定まらず、まだプロでは通用しないレベルだった」とか、「チームとしての規律が甘く、まだまだ改善の余地が多い試合だった」と書けば読者も納得するだろう。

オノマトペ（擬態語・擬声語・擬音語）も注意が必要で、特に擬態語はどうしても定型になりやすい。

むっくりと起き上がる
めきめきと腕を上げる
すたすたと歩く
わなわなと身を震わせる
あんぐりと口を開けた

例を挙げればきりがないので、この辺でとどめておく。「わなわなと身を震わせる」とか「あんぐりと口を開けた」は、擬態語のあとの語句も含めて全体が決まり文句になっている。擬態語には書き手と読み手の間に語のイメージの共通認識があるので、つい使ってしまうし、言い換えが難しいこともある。

ただ、250ページくらいの本を書くとしても、同じ擬態語を2度は使わないようにしたい。工夫をすれば表現を変えることは可能である。次のようにしてみるのも1つの例だ。

きっぱりとした表情だった↓何かを決断したような顔つきだった

がっちりと止血鉗子《しけつかんし》で血を止めた↓一滴の血も出ないように鉗子で止血した

比喩にしても擬態語にしても、手垢のついた言葉にならないように、少しだけでも意識してみることが重要であろう。

(3) 繰り返しの表現

「です・ます」体で書いた文章が単調になりやすいという限界があることは前に触れた。では、「だ・である」体の文章が、繰り返し表現に陥らず、変化をつけて書かれているだろうか。例えば次の文章を読んでほしい。私が医学生だったときの解剖実習に関する記述だ。

> こうした解剖学的な変異（バリエーション）を破格という。人間の体の中は、破格の連続だった。ぼくは人体が教科書通りでないことに何かほっとした気持ちになった。考えてみれば、目の前のご遺体にも何十年に及ぶ豊かな人生があったはずである。そして何かの事情や決意で自分の体を医学教育に役立てようと献体したのだ。人間の人生には一人ひとり個性とかバリエーションがある。だったら、体の中にだって破格があっ

た方が人間くさくていいじゃないか。

『どんじり医』松永正訓／CCCメディアハウス

語尾に注目すると、「という」「だった」「なった」「である」「したのだ」「ある」「じゃないか」とバラバラになっている。こうやって変化をつけると読者には読みやすい。単調な文章は読者を退屈にさせる。

語尾だけではない。単語もなるべく同じ言葉を使わないようにしたい。いま「単調」という言葉を使った。この言葉が繰り返されると読者は飽きる。そこで「一本調子」「平板」などの言葉に言い換える。また「退屈する」「飽きる」という言葉も使った。これも「うんざりする」「倦《う》む」「見飽きる」などに書き換えることが可能である。

なかなか語彙が思い浮かばないときは、類語辞典を使ってみることを強く勧めたい。私は10年以上も前に購入した『類語国語辞典』（大野晋・浜西正人／角川書店）をこれまでずっと愛用している。1冊の本を書き切る場合には、言葉の重複で行き詰まることがある。そういうときは、この辞典をすぐに開くようにしている。

(4) 重い病と良い病

自分の意見を表明する文章を書くと、つい語尾が「思います・思う」になってしまう。かなり意識して文章を書かないとこれは防げない。黒木登志夫さんは、これを「思い病(重い病)」と言っている。

自著、『いのちは輝く』の最終章で私が生命倫理に関して自分の考えを述べている部分を引用する。

「母親の権利」とは、妊娠の継続をどうするかの自己決定権のことです。本来、自己決定権とは大変重みのあるもので、周囲の人間はそれを尊重しなければいけません。ところが、日本ではこの自己決定するということが大変難しいと言えます。それには理由が二つあって、自分だけの判断でものごとを決めるということを私たちが苦手にしているということが挙げられます。もう一つは、日本では妊婦は常に周囲から不安を煽《あお》られ、あやふやな情報に惑わされるからです。

この段落の中には5個の文がある。そのほとんどの文末に「～～と思います」と書いても日本語として成立する。いや、成立してしまう。すると「思い病」に罹《かか》ってしまう。自分の意見を述べるときは、断固として「思う」を使わないようにするべきだ。「思う」が並んでいる文章は稚拙に見える。

「思う」と並んで多いのは、会話のあとでの「～～と言った」である。これも頻出する。言いすぎである。これを「言い病（良い病）」と名づけよう。「良い病」を避けるためにはどうすればいいだろうか。それは会話の内容を要約して表現すればいい。

「教授、その方法でうまくいきますかね？」と私は不安を伝えた。
「おい、お前。それでも外科医か」と教授は皮肉った。
「この若さで末期癌だなんてあんまりだ」と私は無念の思いを口にした。

傍線部の部分は「と言った」でも成立するが、私はこういう方法で「良い病」を回避している。

ほかからも引用してみよう。

ところが維新側は「人の名前をいじって面白いと思う感性はどうか」（藤田文武幹事長）などと猛反発。泉氏は「悪口ではない」と強調したが、4月の統一地方選と衆院補選が近付く中、他の野党との確執を招いた泉氏の言動に対し、立憲内では「何がしたいのか分からない」（党関係者）

との不満がくすぶる。

毎日新聞　2023年2月19日から引用

「などと猛反発」「と強調した」「との不満がくすぶる」で発言を受けるところがうまい。「〜〜と語った」とか「〜〜と述べた」では文章が拙い印象を受ける。「と言った」を回避することで、「良い病」に罹らないで済む。

（5）曖昧な指示語

私が執筆活動を始めたころ、編集者から原稿の中の指示語をすべて直されたことがある。「アレ」「コレ」「ソレ」を一切使わずに、指示している内容をそのまま書いてくださいという指導だった。確かに指示語を使わなければ誤解が生まれない。さらに言えば、私たちには指示語の使い方がアバウトなところがあり、指している対象がクリアに存在しない場合があったりする。編集者の指示は納得できる部分もあったが、指示語を一切使わないと文章が幼稚に見えるのが気になった。

現在はというと、私は指示語を適宜使っている。ただ、編集者の言った言葉も忘れないようにしている。ただし、「アレ」「コレ」「ソレ」が指す内容が長い語句の場合、その語句を、指示語を使わない文の中に落とし込むと、そうとう長い文になってしまう。そうなると、どっちが分かりやすい・読みやすい文章かは判断がつきかねる。

次の文は、肉親の死と障害児を授かるケースを比較し、前者には悲しみに浸る時間があるが、後者にはないことを書いた文章である。

しかし障害児を授かった場合には、親の務めとして養育という仕事が待っている以上、いつまでも悲しんでいる暇はない。すぐにでも受容することを急かされる。急かされることは、いい方向にも悪い方向にも作用する。だが桂子と展利の場合は、それがいい方向に進んだように思える。

『運命の子　トリソミー　短命という定めの男の子を授かった家族の物語』松永正訓／小学館

最後の文の「それ」とは「どれ」であろうか。私としては、前の全体の文章を指したつもりである。もっと狭く言うのであれば「急かされること」になるだろう。やはりこういう文は、指示語がないとうまく表現できない。

指示語の使い方は思いのほか難しく、曖昧な使い方は避けなければならない。何を指示しているのかが明確な文章の中でのみ使うべきだろう。

(6)「が」は逆接であるが……

接続詞の「が」は頻用される。普通は「しかし」「だが」「けれど」と同じように逆接に用いられる。言うまでもないだろう。ところがこういう使い方を見かける。

> 被害者の○○さんは心肺停止状態だったが、その後に死亡した。

こういう文はかなり多い。「心肺停止だったが」の「が」を逆接と解釈すれば、

「心肺停止状態だったが、奇跡的に一命を取り留めた」になるはずである。ところが、「その後に死亡した」と続くと読者は混乱する。「が」は逆接の接続詞であるはずなのに、順接として使われることがあるのだ。つまり「が」は順接にも逆接にも使われる稀有な接続詞だ。次の文はどうだろうか。

> 社会に大きな衝撃をもたらした安倍晋三元首相銃撃事件であったが、ネット上ではメディア・情報の観点から注目すべき事態も起こっていた。
>
> 朝日新聞　2022年9月9日から引用

「であったが」に続く文が、「事件に関心を持たない市民もいた」であれば逆接の流れになる。ところが、後段では前段とほとんど関係ないことが述べられている。もし、「であったが、」を「であった。」とマルで区切れば、後段はどうなるだろう。おそらく、「そして、同時に」とか、「その頃に」で始まっていたのでははないだろうか。少なくとも逆接ではない。
私も文章を書いているときに、前後の文を無意識に「が」でつなぎそうになる。気づけば慌てて修正する。つい、次のような文を書いてしまう。

彼はロボット手術の第一人者として知られているが、この春から大学病院の教授に就任することになった。

この文も前段と後段に論理的な結びつきがほとんどない。単に文を2つくっつけたという意味合いしかない。つまり「が」は接続詞としての働きが非常に曖昧である。読者は文字を追っていって、「が」に突き当たったところで次に逆接の文がくると反射的に思う。そのときに順接の文や、順接とも言えないような別の文が続くとリズムを狂わされる。
「が」の使用は逆接のときだけに限定するべきだろう。なんとなく「が」を使って文をつないでいくことをやめれば、それだけで文章は確実によくなる。

(7) 体言止めは最少に

私は、体言止めは可能な限り使わないと決めている。文末の述語を省略したような体言止めは、文の品を落とす。たとえば、次のような文章が実在する。

> 教授を中心に一丸となった医師団の努力で、8時間に及んだ手術は成功。無事に手術室を出てきた太郎の姿を見て、長時間待ち続けていた家族は落涙。

書名は挙げないが、200ページくらいの本のほぼ全ページに数か所の体言止めが入っている作品を読んだ経験がある。それも1つの文体かもしれないが、文末を書き切らずに読者に放り投げるのは、書き手として少し無責任な気がする。

これまで述べてきたように、日本語の構造は、文末の受ける言葉にかかる言葉が収斂していく形をとるので、文末が名詞で終了するのは相当な違和感があり、また日本語として完成しているのか疑問を抱かせる。

一方で、文章読本の中には、体言止めの有用性を説くものもある。文章が作り出すリズムの流れで体言止めにしておいた方がいい箇所があることは私もその通りだと考える。次の引用例を見てほしい。

部屋の中の空気が湿っていたわけではないし、もちろん不衛生なわけでは決してなかった。むしろ隅々まで徹底して掃除が行き届き、ゴミなど一つも落ちていなかった。

妖気。あるいは、霊気——。

つまらぬ迷信など信じているわけではないけれど、そんな風に形容するしかない冷え冷えとした空気。敢えて譬《たと》えるならば、病院の霊安室にも似たような空気。

『絞首刑』青木理／講談社

本のタイトルから想像がつくように、これは処刑場の様子を描写した文章だ。凍りつくような空気感がシャープな文章によって表現されている。体言止めはその効果をみごとに増強している。プロならではの表現である。誰にでも使いこなせるわけではないので、体言止めは文章が上達してから使う方がいいだろう。ただし、数字などのデータを並列して示すときは、体言止めは普通に使われる。

私のクリニックに勤める看護師は妻を含めて4人。医療事務は2人。私を入れると総勢で7人だ。

こういう文章に、いちいち「だ・である」をつけるとくどくなるので、むしろ体言止めにする。

（8）会話で始まる文章

まず次の文章を読んでほしい。

「ノカルドは私のもとで2年間、日本語を学んだ。国後島《くなしり》の南端に、自然の好きな外国人向けのテント村をつくりたがっていた。だが、誰も彼を助けず、金もなかった」
　こう語るのは、北方領土・国後島の中心地、古釜布《ふるかまっぷ》（ロシア名ユジノクリリスク）に住む魚類学者のゲオルギー・クリンスキーさん（68）だ。島に電話をして話を聞いた。

朝日新聞　2022年1月10日から引用

このように台詞で始まる文章をよく見かける。意見が分かれるかもしれないが、私はこの方法をとらない。読者はいきなり台詞を読まされて、その記事の内容やしゃべっている人間の絵姿が思い浮かぶだろうか。これでは台詞の主が男か女かも分からないし、年齢も分からない。

文章は読んだときに映像になるべきだというのが私の考えだ。台詞で始めるなら、しゃべっている人間のイメージが湧くような言葉を選ぶべきだ。例えば、『絵はがきにされた少年』（藤原章生／集英社）という本は次の台詞から始まる。

「あんまり、こうマッチョにしないでねっていうか、こう、わかるだろ？　マッチョっぽくされちゃうと、どうもさあ……」

この台詞を読めば、語り手は男であると分かるだろう。また会社勤めなどの堅い仕事をしている雰囲気はない。また、ちょっとシャイな性格なのかと推測させる。これは筆者が戦場カメラマンにインタビューしたときの言葉である。南アフリカの写真家と説明されてとても納得がいくのではないだろうか。

つまり、台詞によって語り手の映像が浮かび上がっているのだ。1冊の本の出だしを台詞で始めるには、これくらいの言葉の力が必要であろう。絵が見える文章というのは、次章でくわしく述べる。

第5章

「絵が見える文章」に大切なこと

1 読者の眼前に情景が立ち上がってくるような文章

「分かりやすい1文」「読みやすい1文」を基本にして、「生きている文章」について論じてきた。最後の仕上げは、読者の眼前に情景が立ち上がってくるような「絵が見える文章」である。例えば、次のような文章を読んでみなさんはどう感じるだろうか。

陽射しが明るく差し込み、マホガニー製のような赤茶色の重厚な机が部屋の中央に配された、深緑の絨毯《じゅうたん》が敷きつめられた最上階の社長室に私は足を踏み入れた。

文としては問題なく成立している。でも、この文を読んで「絵」が見えるだろうか。私ならこう書く。

私は、最上階の社長室に足を踏み入れた。陽射しが十分に入り中は明るい。足元に目を落とすと深緑の絨毯が敷きつめられている。部屋の中央に目をやると、深みのある赤茶色の重厚な机が置かれている。あれはマホガニー製であろうか。

この文は、私が部屋に入ってから自分の見たものを順番に書いている。つまり私はビデオカメラを手に持ってそれを回している。それを文で再生しているわけだ。**時間軸の流れは非常に重要である。**次にもう1つ例文を読んでほしい。

山田花子さん（65歳）は初期の乳がんで総合病院に入院していた。そんな山田さんに私が出会ったのは、彼女が退院後のリハビリ中に時間を作って、娘のメンタルの状態をいい医師に診てもらいたいと、彼女の病室を看護師が訪れたときに相談したことがきっかけで、その結果、主治医の乳腺外科医が精神科医である私に相談を持ちかけたのだった。

これも「絵」が見えない。情景が浮かんでこない。これならどうか。

山田花子さん（65歳）は初期の乳がんで総合病院に入院していた。看護師が病室を訪れると、彼女は相談を切り出した。

「私が退院したあと、リハビリしながら時間を作って、娘のメンタルの状態をいい医師に診てもらいたいのです」

これがきっかけとなって、主治医の乳腺外科医が精神科医である私に相談を持ちかけた。その結果、私は山田さんに出会ったのだった。

時系列で書くだけで映像が浮かんでくる。自著『ぼくとがんの7年』（医学書院）からは人物描写を引用しよう。膀胱《ぼうこう》がんを患った私の主治医の風貌を描いた部分を紹介する。彼は大学時代の同級生だ。

妻と共に診察室に入るとサト先生が迎えてくれた。先生は東京の名門私立K大学を卒業してから千葉大学医学部に入学してきたので、ぼくより4つ年上のはず。ややポッチャリした体型で目尻に少しシワがあり、優しい風貌だ。昔と変わっていない。そう言えば医学生のころからオジサン風だった。

これくらいの表現で十分に「絵」が見えるはずだ。細かく言えば、主治医は身長が170㎝くらいとか、髪の毛を軽く茶色に染めているとかの特徴もあるが、そこまでは書かなくていいだろう。映像から浮かぶ主治医のイメージが読者に伝われば十分だ。

プロの書き方も見てみよう。加賀乙彦さんの『死刑囚の記録』（中公新書）は、精神科医としての筆者が文字通り死刑囚の心理状態を記録した貴重な作品だ。加賀さんの描く死刑囚の姿はまるで本から映像が飛び出てくるかのようだ。

松川勝美の話しぶりは、熱がこもり、自分で話の筋をこしらえて聞き手に聞かす、あたかも高座の咄家《はなしか》が聴衆を見おろしながら得意げに話すようで、途中で私が質問したり、話をさえぎると、いかにもいまいましげに口をゆがめ、ときには「まあ、話の先を聞いてくださいよ」と話を押し付けるような素振りがあった。

最後の「話を押し付けるような」という表現が秀逸である。

では、こういった文章を書くにはどういう工夫が必要であろうか。私が心がけていることを次に説明していきたい。

2 過去形と現在形を混ぜる

読者に「絵」が見えるようにするために大事なテクニックは、過去の体験談であっても現在形を頻繁に使ってライブ感を出すことである。つまり**実況中継しているように書く**。

それは6000~10000字程度のブログであっても、250ページ（10万字）くらいの書籍でも同様である。文章をすべて過去形で書くと、そこに書かれた内容は、もうすでに終わったことと読者に認識されてしまう。私が体験したことを、読者と共に体験してもらうためには、現在形を使うことが何より有用である。

例として、まず私のブログから引用しよう。タイトルは「日産スタジアム参戦記」。ももいろクローバーZのライブを妻と一緒に見に行ったときのブログの一部抜粋である。

東京駅から新横浜駅まで、新幹線でわずか18分だった。切符を買うのに時間がかかるということもなく、普通に買って普通に電車に乗り込んだ。指定席にゆったりと座り、たちまち新横浜駅に到着する。

駅を出ると、モノノフと思われる人がわずかにいるだけである。人の流れにそってスタジアムへ歩いて行けばよいと思っていたが、そういう流れはできていなくて、街の地図看板を見ながら歩いて行く。5分、10分と歩いて行くうちに、5色の法被《はっぴ》やTシャツを着た人がどんどん増えていく。いや、しだいに街中そんな人で一杯だ。

ローソンなどのコンビニはそういったモノノフで溢れている。お、日産スタジアムが見えてきた。でかい。立派な建物だ。直近の交差点までくると、もう人の波である。5色の大群衆だ。ゲートをくぐって自分の席へ行く。通路から3番目と4番目なので、心理的に楽である。開始まであと45分ある。続々と席が埋まっていく。

スタンドではあちこちでメンバーの名前のコールが起きる。一番人気は「しおりん」である。誰か1人が立ち上がって「みんなの妹！」と叫ぶと、周囲から一斉に「しおりーん！」という絶叫があがる。（2013年8月5日）

現在形を主に使うことで読者を日産スタジアムへ連れて行くことができているだろう。私は、目にした光景を現場から報告しているつもりだ。
前述の『ぼくとがんの7年』は、ある日突然血尿が出る場面から話は始まる。執筆時から7年前（2015年）の話であるが、それを次のように描写する。

書斎でパソコンに向かい、1日の終わりのルーチンとしてブログを書いた。神山典士さんの『ペテン師と天才　佐村河内事件の全貌』という本に関する書評だった。文章をアップすると23時になっていた。そろそろ布団にもぐって読書をしようかなという時刻である。

トイレに行って用を足す。ジョボジョボと流れる尿を見ていると、途中から何だか色が濃くなってきた。

(なんだ、これ?)

さらに見ていると、褐色の尿が続き、それが赤く変化していく。最後は真紅の液体が流れ出た。どう考えてもこれは血液である。どうするか? 流す前に写真を撮る? ぼくは書斎に戻ってスマホを手にした。やはりどう見ても血液だ。撮影してから水を流した。

これを7年前の話として書いてしまえば、読者は話から置いていかれる。いま現在の話として書くことで、読者の眼前には真紅の液体が見え、体験を共有できるのである。過去の話は、過去形ではなく現在形で書くべきである。

3 映像の切り取り方

『ぼくとがんの7年』では、現在形を使うこと以外にも「映像が見える」ように工夫を入れている。**鍵を握るのは風景描写である。**この本には、基本的に「自宅」「自分のクリニック」「治療を受けた病院」しか舞台が出てこない。闘病記なので病院を受診する場面が何度も出てくる。病院の駐車場で車を降りて数分歩き病院の玄関に到着する。そのときに見えた病院を含む風景を3回書いている。

1回目は病院の建物を描写した。次の文章である。

医療センターは広大な敷地に2か所の大きな駐車場を有し、病院は8階建てでベージュ色の明るい外装である。規模としては大学病院よりもかなりコンパクトという印象だ。

2回目は病院の背後に濃く青い空が広がっていることを書いた。こうである。

> 駐車場から病院まで、わずか3分くらい歩くだけで汗が噴き出てくる。濃く青い空を背景にした病院の中へ入っていく。

3回目は霧雨が降っている状況を書いた。引用する。

> 霧雨が降っていた。千葉医療センターの駐車場から傘を差さずに早足で病院の中に入った。

逆に言うと、それ以外のときは風景描写を書き込んでいない。理由は簡単である。そういうときは、入院の日とか、体調が悪い日で、私は緊張状態にあって景色を見る余裕がなかったからだ。だから書かない。景色を書かなければ、私の緊張感が読者に伝わるのである。

1回目の病院の建物の描写は、初めてこの病院を訪れたときのものである。当然建物をよく観察する。スマホで写真も撮っている。その光景を書いた。

2回目の青空の描写は、自分の病状が落ち着いていたときのことである。精神的に余裕があり、「今日は暑いな」などと呑気に空を見上げている心境を、風景描写に反映させた。

3回目は秋の霧雨の描写である。私は雨を見て、嫌な予感を覚えてしまった。もしや検査結果が悪いのではないかと不安な気持ちになった。検査を受けてみると、病気が再発していた。病院帰りには雨足が一層強くなっており、私の気持ちに重なった。

こういうときは、風景を書く。書くというか、絵姿が見えるように描く。読者には本を読んでもらっているのであるが、映画を観ているような感覚を持ってもらいたいと思って筆を進めている。

4章で日本語に主語は不要である例として『雪国』を引用した。

> 国境の長いトンネルを抜けると雪国であった。夜の底が白くなった。信号所に汽車が止まった。
>
> 『雪国』川端康成／新潮文庫

この文章が優れている理由は、景色が立ち上がるように見えてくることにある。「トンネルを抜けると」という語句には、自分は現在汽車に乗っていて、トンネルを抜ける瞬間に窓外に目をやるというライブ感がある。景色も見えるし、汽車の走るスピードも体感できる。「夜の底」とは、夜になった時刻のそのあたりの地面だろう。そして汽車は止まる。この3つの文で読者は映画のワンシーンを見ているかのような感覚になるだろう。

映像が見えるように書くには、もう1つ工夫がある。それは**時間の長さを伸ばしたり、縮めたりすることだ。**

私は、膀胱がんの闘病で3回入院した。病室内の様子や、病室から手術室まで歩いていく様子は、基本的に毎回同じである。そこで1回目は、念入りに描写する。微に入り細を穿《うが》って書く。読者の眼前に医療の現場が浮かび上がるようにするためである。

しかし2回目以降はさらっと書く。映画でも同じシーンを何度も見せられれば飽きる。文章も同じだ。3回目の入院に関しては、わずか2ページ弱しか書いていない。1回目の入院の記述が19ページにわたっていたのとは対照的である。

術後の化学療法の副作用で苦しむ場面は時間を伸ばしてじっくり書いた。BCG液を膀胱内に入れる治療を受けた日の夜、私は発熱・尿道炎・関節炎・結膜炎という副作用（ライター症候群という）で明け方まで眠ることもできなかった。この数時間を4ページ使ってみっちりと書き込んだ。

例えば体温が38・0度に上昇する場面でも単純に「体温は38・0度だった」とは書かない。自分が体温を測っている場面をビデオで撮影するかのようにこう書く。『ぼくとがんの7年』から引用する。

ネットで新聞を読んでいるうちに、寒気がしてきた。時計を見ると、21時15分。寒気は次第に悪寒・戦慄となった。引き出しから体温計を取り出して脇の下に挟む。電子音が鳴って体温計を取り出すと38・0度になっている。これはBCGの副作用だ。

引き出しから体温計を出すとか、脇の下に挟むとか、いちいち言うようなことではない。だがここで時間の流れを引き伸ばし、読者と一緒に「体温はどうなの?」と結果を待つ。それによってライブ感が出る。書く必要がないことを書いたことで意味が生まれたと言えるだろう。

逆にばっさり切った部分もある。それは私が闘病の過程で胃に痛みを感じ、「まさか胃がんになったのでは」と不安になるシーンである。心配して胃カメラを受けるまでは細かく書くが、「結局ぼくの胃痛は単なる胃炎だった」の一言で終わらせてしまう。

本当に胃がんだったら胃カメラの様子や医師からの説明の場面を丁寧に描写したが、取り越し苦労だったわけである。そんな情景を長々と書いても、読者は拍子抜けするだけである。そういう部分は書かない。一言で終わらせるべきである。その方が、ページをめくる読者の手が進む。

映像が見えるためのもう1つの工夫は**リアリティ**である。後藤正治さんの『生体肝移植』（岩波新書）には、肝臓移植を受ける患者のお腹から肝臓を摘出する場面が描かれている。一般の人にはイメージが湧きにくいと思うが、肝臓移植で最も難しいのは、新しい肝臓の血管を縫い合わせて移植することではなく、いらない肝臓を摘出することである。

不要な肝臓は、これまで何度も手術を受け、感染も繰り返しているので、お腹の中は癒着と感染で元の形態をとどめない状態になっている。こういう状態の肝臓を摘出することは難航を極める。この本では、その何がどうなっているのか分からない術野（手術を行なう、目で見える部分）の情景を、外科医の緊迫感とともに、迫真性をもって描いている。
門脈という肝臓に至る太い血管が化膿しているためにメスを入れると膿が出てきて、その上に大出血する場面がある。最初はそれが門脈とは分からない。長い描写なので、一部だけを引用する。

膿と血栓がたまった血管を奥へ奥へとたどっていく。途中、血管はイモの根のごとく枝分かれし、一方は腸へ、一方は脾臓《ひぞう》へと続く。門脈、だったのだ……。

これはまるで外科医が自分の目で見たことを、自分で書いたような文章だ。私はこの場面を読んでいて、自分が手術室にいるような緊張を覚えた。ノンフィクション作家が、手術のシーンをここまでリアルに書けるというのは、さすがプロの真骨頂である。

ここで描かれた内容は、作家が自分で直接見たわけではなく、綿密に外科医に話を聞き取ったものだ。おそらくその聞き取りは時間をかけて徹底的に行なわれたことは想像に難くない。書き手の執念のようなものがリアルな描写となって、手術シーンの映像化に成功している。リアリティにあふれた文章は、そのまま映像になる好例であると言えよう。

4 比喩を使いこなす

「昔の研修医はまるで奴隷のようだった」と書けば直喩で、「大学病院は白い巨塔だ」と書けば隠喩である。「教授のメス捌《さば》きが嵐を呼んだ」は擬人法だ。比喩を使って表現することは、前章で述べたように定番の表現に陥る危険があるものの、うまくはまった場合には読者に強い印象を与えることができる。私自身はあまり比喩を多用するタイプではない。使うときは熟考のうえ、自分らしさを出すように努めている。

『どんじり医』から引用する。医学部6年生だった私が、12月のラグビー最終戦に敗れて、遠征地の東京から地元千葉に帰る場面である。

ずいぶん遠くまで来たな。それがぼくの思いだった。6年生として何か気の利いたことを言おうとしたが、ぼくには言葉が残っていなかった。すべて出し切ったからだ。

「帰ろうよ、千葉に」

ぼくがそう呟くと、みんなが一斉に「はい！」と声を返した。グラウンドにヒュッと一陣の風が吹いたが寒さは感じなかった。まるで夏の終わりの涼風《すずかぜ》のようだった。

ぼくは後輩が運転する軽自動車の後部座席に乗り、ぼんやり窓の外を眺めていた。国道14号を走っていると、空が一面オレンジ色に染まっていた。熟した柿みたいな濃い色だった。これですべてが終わったのだと思うと、虚脱感と安堵感がゆっくりと全身を満たしていった。

最初の比喩は「涼風《すずかぜ》」である。ルビまで振って使ったのには理由がある。このシーンは執筆時から30年以上も前の出来事であるが、私は頬に当たった風の感触をずっと覚えていた。ヒヤリとしていて、それでいて冷たくないような感触を。それにふさわしい言葉を探すと涼風が思い浮かんだ。この言葉は、おそらくひと昔前によく使われたもので、今はあまり用いられないと思う。ルビを振らなければ「りょうふう」と誤読されるかもしれない。以前からいつか機会があれば使いたいと大事にしていたものを、この場面で使ったのである。

もう1つは、「熟した柿みたいな濃い色だった」という部分だ。このときの空の色は今でもくっきりと目に焼きついていて、忘れることができない。夕闇が迫る空が、黄色と赤色の中間のように光り、思わず胸がうずいた。下手くそかもしれないが考え抜いてこういう比喩を使った。

結局、比喩を使うには、そのときに感じたことを覚えていることが鍵になる。肌に感じた風や視覚を刺激した風景を、ずっと忘れないでいることが比喩を生み出す。だから、机に向かってどういう言葉を捻り出すかということよりも、**「そのとき」の感性を大事に保っておくこと、また感じることができる敏感さをふだんから持っていることが重要になるだろう。**

プロの作家がどういう比喩を使うかを次に見てみよう。

小夏ばあさんは、腕のわるい大工に思いきり金槌でたたかれてひん曲げられた釘みたいな急角度に曲がった腰をしんどそうにして、両手で買い物カートのハンドルにつかまり、「よいしょ、よいしょ」と掛け声をかけながら、矢部川の堤防までゆっくりとのぼって行った。

『どん底　部落差別自作自演事件』高山文彦／小学館

『火花　北条民雄の生涯』（角川文庫）という不朽の名作を書いた高山文彦さんのノンフィクション作品はどれも文学的な香りが高く、この『どん底』の冒頭の文章もその個性がいかんなく発揮されている。「腕のわるい大工に思いきり金槌でたたかれてひん曲げられた釘みたいな急角度に曲がった腰」という表現は私には思いつかない。私なら比喩を入れないだろう。ではこの比喩が嫌味かというと、そういうことはまったくない。小夏ばあさんの腰の曲がった姿勢が目に浮かぶようではないか。比喩を使うなら、誰にも思いつかないような個性的な表現を練るべきだ。

もう1つ、引用する。

「東電OL殺人事件」が起きたとき、世間は「発情」といってもいいほどの過剰な反応を示した。昼は美人エリートOL、夜は売春婦。マスコミは彼女が殺人事件の被害者であることをそっちのけに、昼と夜の二つの顔の落差に照準をあてたストーリーづくりに狂奔していった。

『東電OL殺人事件』佐野眞一／新潮社

この「発情」も一種の比喩に当たるであろう。発情を「　」で囲っているのは、これが「本来の意味ではなく、いわば」という意味だ（つまりそのこと自体が比喩的表現であることを表している）。この文章も作品の冒頭に置かれている。この事件を描くにあたって佐野さんは、加熱するマスコミの報道に対する世間の過剰なまでの反応を、「発情」という1つの単語で射抜いたのだ。一語で言い切るところがプロのノンフィクション作家の凄みだろう。

こういったプロによる比喩の使い方は参考にはなるが、なかなか真似できるものではない。比喩の使い方を会得していくためには、ふだんから言葉をストックしておくのがいい。印象的な比喩は自然と心に留めておくことができるが、ノートを活用するのもいいだろう。こういう積み重ねが重要になる。その中から、そのときの状況に最適な言葉を選び出すといい。

ただし、ありきたりな比喩は読者を白けさせるだけだ。「雪のように白い肌」とか「あいつは鬼だ」とかのような比喩なら使わない方がいい。繰り返しになるが、決まり文句に陥らないように自戒することが重要だ。

5 擬音語を工夫する

オノマトペは日本語の特徴であり、また日本語を豊かにする表現である。比喩と同じで工夫しだいで個性が出るだろう。次のような例はどうだろう。

どっどど　どどうど　どどうど　どどう
青いくるみも吹きとばせ
すっぱいかりんも吹きとばせ
どっどど　どどうど　どどうど　どどう

『風の又三郎』宮沢賢治

これもオノマトペであろう。ただし、こういう言葉は凡人にはとても思いつかない。私としても新しい表現を開発したいところだが、問題はそれが読者に伝わるかである。そういう意味で、擬態語の新規開発は難しい。

一方、擬音語は、聞いた音をそのまま表現するので読者に伝わりやすい。新規開発の余地は十分にあるのではないか。

「鐘の音がゴーンと鳴った」というのはあまりにも陳腐で稚拙な印象を与える。むしろ「ゴーン」はない方がいい。梯《かけはし》久美子さんの『狂うひと「死の棘」の妻・島尾ミホ』（新潮社）には、「ゥワァァーーッと、お腹の底からライオンのような声が出ましてね」という台詞が出てくる。この台詞をしゃべったのは取材相手だが、活字にしたのは作者の梯さんである。「ゥワァァーーッ」と文字化することは誰にでもできることではない。こういう文章を真似れば、私たちにも新しい言葉が書けるかもしれない。

陳腐な擬音語ならむしろ書かない方がいいと述べたが、医療現場の描写に関してはベタな擬音語をあえて私は使う。一般の人は、テレビなどの医療ドラマで現場の様子をなんとなくは知っているが、詳しくは知らないというのが実際だろう。

そうであるならば、自分の言葉で書くようにしている。

モニターの音は「ピッ、ピッ、ピッ、ピッ」で、心停止すれば「ピーーー」に変わる。人工呼吸器の音は「シュー、シュー、シュー」だ。心臓マッサージをすると、ベッドが揺れて「ドスン、ドスン、ドスン」という音がする。心臓の拍動音は世間的には「ドクン、ドクン」と表現されるが、私の耳には「ドッツー、ドッツー」と聞こえる。

私が医療現場の音に（当然ながら）詳しいように、読者のみなさんにも自分だけが知っている音があるだろう。そういう音を擬音語にしていくと臨場感が生まれるはずである。ぜひ、チャレンジしてほしい。

さて、ここまで書いてきたことをまとめよう。文章をうまく書くためには、2000字を書くことを基本としたい。1万字書くのも、10万字書くのも2000字が1個のユニットになる。そしてその2000字を書き切るためには、まず1つの文をきちんと書くことが重要で、「分かりやすい1文」「読みやすい1文」が基本になる。その基盤ができれば次に「生きている文章」「絵が見える文章」を書くようにしたい。別の言い方をすれば、1文をしっかり書いて積み上げていけば、自然と読ませる2000字の文章になる。

ここまで文章の書き方の原則について述べてきた。次の章では、それを実践としてどう役立てるか、具体例を出しながら説明したい。

第6章

2000字書ければ1冊の本も書ける

1　1冊の本を書く前に

2000字の文章を50本書けば本が生まれる。4000字なら25本だ。ここでは、最初から本を1冊書き切りたい人を対象に、どういうことに注意し、何を心がけたらいいかを述べていきたい。

(1) インプットの重要性

私たちは思いのほか狭い世界に生きているのではないか。開業医として私が1年間に診る患者数は1万5000人以上である。ただ、私が付き合う人たちはすべて病気のお子さんとその親である。

私の行なっていることは医療行為のみで、ふだんも医学専門誌や教科書をよく読む。つまり私が生きる世界は医療という狭いところに押し込まれている。会社勤めの人や、フリーターの人、在宅で音楽の仕事や美術の仕事をしている人、いろいろな仕事がある一方で、広い知識・多様な見識を持っている人は意外と少ない。

私はそのことに、本を書くようになってから気づいた。1冊の本を作るためには、出版社の編集者、校閲をしてくれる人、カバーのイラストを書いてくれる人、カバーをデザインしてくれる人、本を売る営業の人、経理を担当してくれる人などが関わる。さらに本がメディアに取り上げられると、テレビ・ラジオ・新聞・雑誌と多くの人に出会う。また、作家同士の出会いもあり、自然と多くの出版社の編集者とも出会うようになる。

すると自分の知識がかなり偏っていることを思い知らされる。それを補うためにはどうすればいいだろうか。それには、ひたすらインプットを増やすことだ。

私は1年間にノンフィクションを100冊は読む。ノンフィクションの定義はここでは長く書かないが、フィクション（作り話＝小説）以外はすべてノンフィクションと定義しておく。ルポルタージュ・評伝・事件もの・体験記から、さらに評論・専門書・エッセイまで広く含んだジャンルを指している。

本を読むときに重要なのは、幅広く読むことだ。私の場合で言えば、医学・科学に偏るとおもしろくない。理系の人は文系の本をたくさん読み、文系の人も理系の本にチャレンジした方がいい。数学や物理学の本は確かに難解かもしれないが、自分の知らない世界をのぞいておくべきだ。

またベストセラーもしっかり押さえておく。売れるのにはわけがある。それから年に数冊くらい、上下2段組で600ページくらいの大長編ノンフィクションが発刊される。そういう本はたいていおもしろい。それだけ字数の多い本は今の時代、普通は多くの人に読まれない。それでも出版社が出しているということは、内容に自信がある証拠だ。

とにかくたくさん読む。読んで文章の妙味や表現方法を学ぶ。あなたが読んだ本はあなたの財産になる。気に入った文体、気に入ったアイデアはどんどん真似するべきだ。ピカソは「優れた芸術家は模倣し、偉大な芸術家は盗む」と言ったという話がある。また黒澤明監督も「創造とは記憶ですね」(『悪魔のように細心に！ 天使のように大胆に！』東宝株式会社)と書いている。

スティーブ・ジョブズの Apple 社は画期的な製品を次々に世に送り出したが、マウスは他社の製品の流用だし、スマートフォンというアイデアもオリジナルではない。パソコンに複数のフォントを入れたのはジョブスのアイデアであるが、そのフォントだって彼が大学で学んだものである。ゼロからは何も生み出せない。剽窃《ひょうせつ》はアウトだが、本質を抽出して発展させることはＯＫである。

本と並んでインプットがたくさん得られるのは、人との付き合いであろう。通信の手段は今の時代豊富にあるが、やはり対面で人と会うと得られるものは大きい。なお、私は千葉県に住んでいるのでその点、不利である。東京や大阪といった大都会に住んでいる人は、地の利を活かしてなるべく多くの人と会うといいだろう。

（2）テーマを選ぶ

あなたの常識は、世間にとって「非」常識である。これは肝に銘じた方がいい。あなたの仕事はなんだろうか。交通誘導員・ケアマネジャー・派遣添乗員・マンション管理員・障害者支援員。いろいろな仕事がある。あなたはその仕事を、当たり前のこととしてやっているだろう。つまり常識であると認識しているであろう。

けれどもそれは、人から見れば知らない世界である。「非」常識の出来事の中で生きているのである。テーマを設定するとはそういうことだ。三五館シンシャ（販売：フォレスト出版）の職業シリーズはそういう視点から作られている（例えば、『交通誘導員ヨレヨレ日記　当年73歳、本日も炎天下、朝っぱらから現場に立ちます』柏耕一／フォレスト出版）。何も医者や弁護士だけが、世間から離れた特別な仕事をしているわけではない。

逆に言うとメジャーなテーマは競争相手が多く、出版の企画自体が成り立ちにくい。狭いところを狙って、コアのファン層の核心を射抜くことが、むしろ普遍性を獲得することになる。

例えば、『木村政彦はなぜ力道山を殺さなかったのか』（増田俊也／新潮社）という本はベストセラーにもなり、ノンフィクション文学賞を複数受賞した。木村政彦という柔道家を知っている人はいったい日本にどれだけいるであろうか。少なくとも、ロス五輪で金メダルを獲った山下泰裕より知られていないだろう。

その反面、木村政彦を柔道史上最強の格闘家だと信じるコアなファンはいる。いる、はずである。そういったファンであれば、この本を絶対に買うだろう。そこを狙い、一点突破から全面展開をするのだ。

私が、医療の現場や病気のことについてメディカル・エッセイを書きたいという企画を出しても、どの出版社も大して興味を示さないだろう。それはあまりにも当たり前のことだからだ。もし企画が通るとすれば、よっぽど斬新な切り口か、ユニークな表現があるときだけだろう。

どんな人にでも、自分だけが知っている「非」常識の世界があるはずだ。まずそれに気づくことが重要である。それをテーマにすれば、誰にでも人生に1冊は本を書けるはずだ。

(3) 人称という難題

フィクションでもノンフィクションでも、人称をどうするのかというのは難しい。ここではノンフィクションについてのみ述べる。

一番単純なのは、一人称である。「私は」「ぼくは」で話を進める。世界を認識しているのは「私」「ぼく」だから、自分がいないときに起こった出来事は書かない。つまり、自分がカメラのファインダーをのぞいている。ルポルタージュという形式ではもっぱら一人称が使われる。自分が見たもの、聞いたことだけを書き、なおかつ、自分がそのとき感じたことや考えたことも書くことが可能である。ただ欠点としては、文章が一本調子に傾きやすいことと、他者に取材した場合に自分と相手の関係がQ＆Aの会話形式になり文章が硬くなることである。例えば次のような表現になる。


私は田中さんにそのときの気持ちを確かめた。

「その報告を聞いて、田中さんはどう思いましたか？」

田中さんが苦虫をかみつぶしたような表情で答えた。

「そりゃあもう、腹が立ちましたよ。殴ってやろうかと思いましたよ」


ただし、ルポルタージュという文学の様式はノンフィクションとして最もウソがないと言える。

自分が取材した相手が主に1人の場合、三人称を用いることもできる。「彼は」や「彼女は」で書く方法だ。この場合、世界を認識するのは「彼」「彼女」になり、カメラのファインダーをのぞいているのも「彼」「彼女」になる。この場合、自分は黒子になるので、基本的に姿を消す。前述した田中さんへのインタビューは次のような形で書く。

その報告を聞いて、彼は怒った。あいつを殴ってやろうかとさえ思った。

三人称は、ルポルタージュに比べてはるかに物語性があり、読者にはおもしろく読ませることができる。ただし、筆者の感じたこと、考えたことを書きにくい。書くとしたら、明確に章を変えるとか、大きく場面を転換して地の文として書く。これはかなり神経を使う。堂々と筆者が顔を出すと読者は面食らう。

最後の方法は、神の視点である。三人称で書くのは同じだが、カメラのファインダーをのぞいているのは神である。したがって、「田中さんは〜〜と思った」「鈴木さんは〜〜と言った」と書くことができる。この形はルポルタージュから最も遠く、ノンフィクションとしてふさわしい形式なのかやや疑問を持たれることがある。自分の考えを挟むことが難しいのも同様で、登場人物が多くなると自分の意見表明はさらに全体の構成を煩雑にしてしまう。大事なことは、複数の人称を1つの章の中で混ぜないことだ。

こういう文章をときどき見る。

その報告を受けて彼は腹を立てた。

「ええ、あいつを殴ってやろうかと思いましたよ」と田中さんは苦虫をかみつぶしたような表情で筆者に語った。

三人称でずっと話が進んでいるのに、急にインタビューの受け答えが挟まれる

形式だ。これは三人称と一人称が混ざっていると言える。こういうノンフィクションは、整理がついていない印象を受ける。

また、三人称の文章でこういう表現があったりする。

> その報告を聞いて、彼は怒った。あいつを殴ってやろうかとさえ思った。彼の顔は怒りで真っ赤だった。

これはおかしい。顔が赤くなっていることが分かるのは神だけである。三人称の表現でこの書き方はない。もし、インタビューの段階で、そのときの怒りの程度をちゃんと尋ねていたのであれば、こう書くべきだ。

> その報告を聞いて、彼は怒った。あいつを殴ってやろうかとさえ思っ

た。彼は怒りで自分の顔が赤らむのが分かった。

三人称で表現する場合、顔が赤らんでいることが分かるのは「彼」だけである。自分で赤らむのが分かるのである。

細かいことを言うようだが、人称の問題は、ないがしろにはできない重要な本の基本骨格である。十分に整理をつけてから書き進めるようにしたい。

(4) 本の書き出しを考える

分量から見れば、書き出しの数行は本全体の1%にも満たない。しかしその重要性は、1%どころではない。本屋で本を選ぶとき、最初の数行で買うかどうかを決める人もいるだろう。冒頭のいい本は一気に読者の心を捉える。印象的な出だしの言葉は読後何年経っても、読んだ人間の心に残っているものである。

魅力的な出だしの本をいくつか引用したい。

二人のエスキモーが、犬ぞりで私たちを送ってくれることになった。

『カナダ＝エスキモー』本多勝一／朝日文庫

1963年に朝日新聞紙上に連載されたカナダ＝エスキモーの生活のルポの出だしである。読者はいきなり、北極圏の氷上に連れていかれる。この出だしの1文は綿密に練って書いたようだ。

『ルポルタージュの方法』（本多勝一／朝日文庫）を読むと、本多さんは取材に行くにあたって恩師の梅棹忠夫さんに助言を求めている。その助言の中に、「現地へはいるまでの過程は全部カットしてあとで書きなさい」というのがある。本多さんにも同様の意識があったらしく、こうした意表を突く導入になった。これによって読者は一気に現場に連れていかれる。

こうした「いきなり現場型」のノンフィクションはその後の作品にも受け継がれる。超ロングセラーの『深夜特急1　香港・マカオ』（沢木耕太郎／新潮文庫）を見てみよう。沢木さんは、地球を西回りに旅をする。

ある朝、眼《め》を覚ました時、これはもうぐずぐずしてはいられない、と思ってしまったのだ。
私はインドのデリーにいて、これから南下してゴアに行こうか、北上してカシミールに向かおうか迷っていた。

これも驚きの出だしである。ぐずぐずしていられないから日本を発つのかと思いきや、筆者はデリーにいるというのである。読み進めても結局沢木さんがなぜ日本を発ったのか、その理由は書かれていない。どんどん旅が展開する。

体験記ノンフィクションとして歴史的評価の高い『アーロン収容所』(合田雄次／中公文庫)の前書きも忘れ難い。筆者が太平洋戦争のビルマでイギリス軍の捕虜となり収容されたときの記録である。

やっぱり、とうとう書いてしまったのか。まえがきを書こうとすると、どうしてもこのような感慨がまず最初に浮かんでくる。

この内省的な文章は、これから書こうとしている内容を見事に暗示している。本の内容は一言ではまとめられないが、日本人に対する西欧人の差別感覚と、筆者の味わった屈辱感が随所に表現されている。読後に、この冒頭の文章がもう一度浮かび上がってくるような仕掛けになっている。

『あの戦争から遠く離れて　私につながる歴史をたどる旅』（城戸久枝／情報センター出版局）は、中国で孤児となった自分の父の人生を辿る壮大なノンフィクションだ。「中国残留孤児」という言葉が誕生する10年も前に、筆者の父は日本に帰国する。その場面から本書は始まる。

フラッシュの閃光がやけに眩《まぶ》しかったことを、男ははっきりと憶えている。

ああ、これが日本なのか――。

思う間もなく、男は、待ち構えていた人間たちのつくる人の輪に飲み込まれていった。

そのときの光景がくっきりと目に浮かぶような描写である。これは「絵が見える文章」のお手本のような書き方である。本書のクライマックスにあたるシーンを冒頭に持ってきていることも効果的であり、読者の興味を惹きつけることに成功している。

2　体験したことを書く

1冊のノンフィクションを書く場合、前に向かって書くか、後ろに向かって書くか2つの方法がある。

前に向かって書くとは、密着取材のようなものである。ルポルタージュはこれに含まれる。ある人物にインタビューを重ねるとか、ある事件について推移を追っていくというものだ。潜入取材もこの形態になる。

この形式では、結論がどうなるのか予測がつかないので、つまらない結果に終わるリスクもあるし、最悪の場合には取材がすべて無駄に終わる可能性もある。一般的には年単位の時間がかかることから、実現のハードルは高い。私はこの手法によって、『運命の子　トリソミー』と『呼吸器の子』（現代書館）という2冊の本を上梓している。いずれも家族から定期的に話を聞くのに1年半くらい時間がかかった。

一方、後ろ向きに書くとは、過去にあった出来事を追い求めていくことである。例えば、ある人物の評伝を描くとか、ある事件を深掘りしていくということだ。この場合大量の資料にあたり、多くの関係者に話を聞く必要が出てくる。ただしゴールラインは設定しやすく、結末も予測可能である。

もう少しハードルが低いものは、自分または第三者の体験談を書き取ることである。第三者から話を聞くためにはインタビュー術に長けていなければならない。すると誰でもが挑戦可能なのは、自分の体験談を書くことだ。何も体験したことがない人などいない。誰でも何かの体験をしている。

これは何も特異な体験を書く必要はない。前に触れたように、あなたの常識は他人には「非」常識である。どんな人の人生にもドラマはある。自覚していないだけのことだ。自分史を書けない人はいないはずだ。誰にでも最低1冊本が書けるというのが私の持論だ。

私のデビュー作『小児がん外科医　君たちが教えてくれたこと』についてかんたんに紹介しよう。私は19年にわたり大学の小児外科教室に在籍し、その間、2

03人の固形がんの子どもの治療に関わった。

もちろん私が治療したのは小児がんだけではないが、最も思い出深く印象に残っていたのはがんの子どもたちだった。203人のうち、56人が命を落とした。私は不思議なことに、元気に生き延びた子どもよりも、亡くなった子どもたちを強烈に憶えていた。

そこで、自分の19年間を振り返る形で亡くなった子どもたちの姿を書こうと思いたった。この原稿を書き始めたのは、大学を辞め開業医になって1年をすぎていた頃だから、私は20年前の出来事から回想を始めたことになる。私は自分の記憶が確かな子ども11人に絞って、この本を書いた。

ただし、具体的な入院日や手術日などの日付はさすがに覚えていない。細かい部分が書き込まれていないとノンフィクションは迫力を欠く。そこで私はカルテを調べた。大学を辞めてから7年間、私は大学の非常勤講師として、月に1回のペースで大学病院に赴き、がんの子どもたちの外来診療を行なっていたので、その機会を利用した。この本は私にとっての「自分史」である。原稿は15万字を超えた。

開業医になってからは、こうした体験談はもう書くことはあるまいと思っていた。しかし人生何があるか分からない。53歳で膀胱がんになった。がんは2回再発し、3回手術を受けた。検査の痛みや合併症の痛みに苦しみ、私はあまりのつらさに闘病記を書いてやろうと思った。本でも書かないと気が済まない思いだった。

私はふだんから手帳をズボンの左後ろのポケットに入れている。ここに日々の記録を書いている。

ページの左側が月曜日から日曜日までカレンダーになっていて、右側はフリーに書けるようになっている。スケジュール・TO DOリスト・健康状態・クリニックの来院患者数・その日のちょっとした出来事まで、ぎっしり埋まっている。

膀胱がんの治療の過程もこの手帳に事細かに書かれている。医師からの説明も基本的にすべてこの手帳に小さい文字で書き込んだ。私が病を得て考えたこと、死生観の変遷なども右側のページにまとめた。

闘病記を書こうと本格的に考えるようになったのは2017年である。ただしこの時点では、何を主軸にすればいいか定まっていなかった。「痛い思いをした」

だけでは闘病記にならない。

さらに結末が見えていなかった。膀胱がんは時間的・空間的に多発することが特徴である。要するに再発しやすい。どこの時点で、治療終了とか完治したとかが言いにくい。そうすると闘病記をどう締めるかが難しい。

出版界では2017年頃から、安楽死に関する書籍が少しずつ目立つようになってきた。私はまず1冊手に取り、そこからどんどん専門書をむさぼるように読んでいった。もともと大学ではたくさんの子どもの死を見てきたので、自分なりの死生観みたいなものがあり、そこへ本を読むことで知識が加わった。

53歳でがんを発病したときは、ただ助かりたい、家族やクリニックのスタッフ、それに患者家族のためにも死ぬわけにはいかないと、それればかりを考えていた。しかし時が流れ、歳を重ねると、これまで曖昧だった自分の人生の終末というものがはっきりとした輪郭を持って見えてきた。

そうか、最終章に自分の死生観を書けばいいのだ。

こうして私の闘病記は、2021年8月に執筆が始まることになる。つまり書き始めるまでに4年が経っている。それくらい「何を、どう、誰に向かって」書くかを決めるのは重要なのである。

私はまず目次を完成させた。時系列に全部で22章あった。各章にそれぞれ5つくらいのエピソードを書き出していった。手帳を見ながら、どういう文章を書いていくかのイメージを作る。

全体の骨格が決まればあとはもう書くだけである。8月初旬に書き始めた原稿は、8月末には11万字になっていた(クリニックをお盆休みにした1週間は朝から晩までずっと原稿を書いていた)。構想4年、執筆1か月である。この本は『ぼくとがんの7年』というタイトルで2021年12月に出版された。

最後に文献的考察の必要性について述べる。自分の体験記を書く場合、確かに手帳やメモを頼りにすればそれだけで作品が完成する。ただそれでは内容が薄いと読者に見抜かれかねない。『小児がん外科医』では、自分の記憶とカルテの記載に加えて、子どもを失った母親から話を何度か伺った。このときはデビュー作だったので、まだインタビュー術を会得していなかったが、親の心理を書き加えることで内容に厚みが出た。

『ぼくとがんの7年』に関しては、前述したように最終章に自分の死生観を書いた。量としては12ページだが、これを書くためには4年かかったともいえる。その間読んだ本の数は66冊、専門雑誌は5冊である。

私は、闘病記を書くうえで最も重要なことは、病気をリアルに描くことと自分の心の内をどこまでも探っていくことだとずっと考えてきた。この本の中で、病を得て悩む自分の姿も深く書いたが、最終的に自分なりの死生観に到達するところがハイライトになった。つまり死を受け入れることで、自分が再生し、よく生きようと決意するに至った過程を全体として描いた。

そのためには文献的な考察が絶対に必要だった。自分の内面を描くためには、自分の感性だけでは不十分である。多くの本を読み、いろいろな考えに触れながら、思索を深めていかなくてはならない。

これは闘病記だけに当てはまる話ではない。例えば、『母さん、ごめん。50代独身男の介護奮闘記』（松浦晋也／日経BP）は、ベストセラーになった。この本も、介護のリアルを映像が見えるように描いている。自分の母の認知症が進む過程を冷徹な観察眼で見ている。自分の内面のストレスを赤裸々に、そして深掘りして描いている。介護というテーマは決して特殊ではないが、書き方しだいで多くの読者を獲得できる一例だ。

だからあなたにも書けるはずだ。バックパッカーとして世界を旅したことを書くのもありだし、定年まで会社勤めを続けた経験を書くのもありだ。いろんなアルバイトに挑戦してドジを踏んだり、うれしいことがあったりすれば、それも題材になる。そして、あなたが自分史や体験記を書くならば、記憶や記録だけに頼らずに、本を読んだり人に話を聞いたりして、自分の体験に厚みを加えるといいだろう。

長期間にわたって体験したことを書こうとすれば1冊の本になるはずだ。執筆にあたっては、長編を読ませ切る生きた文章を書いてほしい。そして、そのときの情景が読者の目の前に現れるように、絵が見える文章を書いてほしい。

3 原稿を完成させる

1冊の本の推敲は、3章で述べたものと比べて格段に手間がかかる。染色体異常を持つ生後7か月の男児の成長を追った『運命の子　トリソミー』を例に挙げて説明しよう。

この本の原稿は、「はじめに」と「あとがき」を除き、16章から成っていた。各章の文字数は、5339文字から1万7783文字で、平均7527文字である。1つの章が完成するたびにやっていたのが、原稿を寝かすことである。

これは多くの書き手が用いている方法で、私も実践している。例えば就寝前に書き終えた原稿は読み返さない。次の日まで置いておく。本当は2日くらい寝かせておいた方がいいかもしれない。なぜなら自分が書いた文章を忘れてしまうようにするのが寝かす理由の1つだからだ。

さて、一晩寝かせるといろいろなことが見えてくる。

①語順とテンの打ち方・段落の切り方について不適当な部分。

②かかる言葉と受ける言葉がすれ違っている部分。これは意外と多い。

③余分、あるいは過剰な接続詞を使っている部分。

④③と関連して、前後の文章の論理的関連性に無理がある部分。

⑤自分の主張が十分に練られておらず、考察が未熟な部分。

こうした文章の欠点は、書いた直後には自分の文章に満足してしまっているので、なかなか見えない。頭の中では文章が完成しているので、それで正しいと思い込んでしまうのだ。自分の文章を客体化して、悪い部分にどんどん赤を入れていく。自分が書いた文章を、他人の文章だと思うくらいの気持ちで、自分は添削係になってシビアな視点から修正を加えていくのである。この際、私は万年筆を使っている。ボールペンや鉛筆（シャープペン）に比べて、はるかに速く書けるからだ。もちろん目立つように赤インクを使う。

こうして赤の入った原稿を見ながら、モニター上の文章を修正していく。特に、④⑤は、文章の形の問題ではなく、論旨の根幹に関わるのでじっくりと再考する。ここまできたら、再度寝かせて、翌日も同じ作業をする。

1つの章が完成するたびに、「寝かせて」→「印刷し」→「赤を入れ」→「原稿を直す」ことを数回繰り返した。これで完成かなと思える段階で、もう一度プリントアウトし、それを妻に読んでもらった。

一般の読者が私の原稿を読んでどう感じてくれるのかを知ることは、極めて重要である。自分では気がつかなかった欠点やいい点が見えてくる。欠点はもちろん修正する。悪文は書き直す。一方、よかったと指摘された部分に関しては、必要があれば加筆して、さらに精密に書き込む。

第三者の客観的な評価は最高の価値がある。結局は実現しなかったが、実はこの原稿を妻に読んでもらったあとに、読書家の友人に読んでもらいたいとお願いした。もちろん、謝金も支払う。だがその人は、仕事がどうしても忙しく読むための時間を作ることができなかった。家族の中に原稿を読んでくれる人がいない場合、私はお金を払ってでも第三者に原稿を読んでもらった方がいいと思っている。

さて、こうして全16章の原稿が完成した。全部で約13万字、400字詰め原稿用紙に換算しておよそ400枚超だった。

これまでの推敲は各章ごとにやっていたので、次は全体像を見なければならない。そこでこの約400枚を印刷する。なお、大部数の印刷にはレーザープリンターが必要である。

400枚の原稿は、休日を利用して日をまたがずに一気に読む。するといろいろなことが見えてくる。

この本には、ところどころで私の意見や感想も入る。時間の経過に伴って、障害児に対する私の考えも鍛えられるので、考え方に変化があるのは当然である。しかし、1章と10章で述べている論理に矛盾があれば、それは本として成立しない。矛盾があるように見えるのであれば、考えが変化した理由を加筆したり、あるいは、実は矛盾ではなくある現象を反対の面から見るとこう見えると説明したりしなければならない。章をまたぐとそういう撞着点が浮き彫りになることがある。

さらに大きな推敲のポイントとして、これまで仕上げてきた16章が本当にすべて必要なのかを冷静に考える必要がある。加筆するのは容易であるが、削除するのは難しい。苦労して書いた自分の原稿はどうしても可愛くなる。休日をつぶして遠方まで出掛けて話を聞いて、時間をかけて執筆と推敲を繰り返した原稿を捨てるのは実につらい。しかし削れば削るほど原稿は光る。

私は16章のうち2つの章が、全体の構成を俯瞰したときにメインテーマからやや距離があり、読者にはこの部分で読書のスピードが落ちるのではないかと考えた。その2つの章はそれ自体まとまっていて良質な内容なので、いつか別の媒体で発表するチャンスがあるかもしれない。そう自分に言い聞かせて、思い切ってバッサリと切った。

こうして約2万字を捨てて、完成原稿は11万字、400字詰め原稿用紙換算で308枚にした。インタビューした人も、最終原稿では22人から11人に減ることになった。

これで終わりではない。

最後の仕上げはこれを縦書きに変換することである。推敲の最後の詰めとして横書きから縦書きに変換して、新たな気持ちで読み直すことは、見直しという意味で極めて有用である。

この際、フォントも変換するとさらに見直しの効率が高まるという意見もある。私もいろいろやってみたが、それは実感できなかった。ともかく横書きから縦書きになると、全体の印象がガラリと変わることは間違いない。

さて、ここからが最後の推敲である。やはり休日を利用して一気に読む。推敲の難しさは読めば読むほど自分の原稿に飽きて、集中力が切れそうになることだ。原稿はいじればいじるほど悪くなるという意見を持つ友人がいる。その気持ちも分からないわけではない。何度も読むと感覚が麻痺してきて、文章がいいのか悪いのか分からなくなることは、私も経験している。でも逆に言えば、そこまで読み込まないと本当の完成とは言えない。

もうこれ以上、手を入れられないというところまで推敲を繰り返すべきだ。目指すべきは、1ページ目から最終ページまで流れるように一気に読める文章である。その文章にはもちろん間違いがなく、分かりやすく、読みやすく、論理が明解で、リズムがあり、映像が見えることが最重要である。そこまで丁寧に推敲した原稿は、編集者からも読者からも高い評価を得ることができる。

『運命の子　トリソミー』は小学館ノンフィクション大賞に応募して大賞を受賞した。徹底的な推敲が受賞に結びついた可能性は十分にある。

おわりに

文章を綴るのは楽しい。ちょっと個人的な話になるが、私が大学病院を辞めて２００６年に開業医になったとき、強い孤独感を味わった。世界と切り離されたような気分だった。程なくしてブログを書き始めた。２００６年4月11日のことだ。ブログを書くことで旧友と再び繋がりを持ち、また、新しい友だちもできた。

２００７年6月には本を書き始め、２００８年5月30日にデビュー作が出版された。多くの反響をいただき、また、この本をきっかけに多くの知己を得た。本を世に送り出すことによって、自分の世界が広がり、人生が豊かになったように感じている。

文章を綴るということは、これまでの自分を見つめ直し、自分に欠けた部分があればそれを埋めて、自分を癒し、新しい自分を世界に向かって表現することだと知った。還暦をすぎた私は、このあと何冊の本を書けるか分からないが、叶うならば人生最後の日まで書き続けたい。

私と同じように、書くのが好きな人はけっこういるのではないだろうか。短い文章を書いてみたい、少し長い文章を書いてみたい、1冊の本を書いてみたい。それも、分かりやすく、読みやすく、おもしろく。本書がそういう人たちにとって何かのヒントになってくれればうれしい。私ももっと自分の文章を鍛えて、うまい原稿を書けるようになりたい。この本を通じて、文章を書く仲間が増えてくれれば、こんなにすばらしいことはない。

本作は私にとって16作目の書籍になる。今回の本ほど、編集者に力を貸してもらったものはこれまでになかった。出版の機会を与えていただき、私の拙い原稿を磨きあげていただいた日本実業出版社・編集部の川上聡さんに心から感謝したい。本当にどうもありがとうございました。

2023年6月10日　自宅書斎にて　松永正訓

本書で紹介した文芸作品・ノンフィクション作品

会田雄次『アーロン収容所』中公文庫／1973年
青木理『絞首刑』講談社／2009年
石井妙子『女帝　小池百合子』文藝春秋／2020年
石井妙子『魂を撮ろう　ユージン・スミスとアイリーンの水俣』文藝春秋／2021年
大江健三郎『見るまえに跳べ』新潮文庫／1974年
加賀乙彦『死刑囚の記録』中公新書／1980年
角岡伸彦『ピストルと荊冠〈被差別〉と〈暴力〉で大阪を背負った男・小西邦彦』講談社／2012年
鎌田慧『自動車絶望工場　ある季節工の日記』講談社文庫／1983年
川端康成『雪国』新潮文庫／2006年（改版）
城戸久枝『あの戦争から遠く離れて　私につながる歴史をたどる旅』情報センター出版局／2007年
黒澤明『蝦蟇の油　自伝のようなもの』岩波現代文庫／2001年
後藤正治『生体肝移植』岩波新書／2002年
佐野眞一『東電OL殺人事件』新潮文庫／2003年
沢木耕太郎『深夜特急1　香港・マカオ』新潮文庫／1994年
高山文彦『どん底　部落差別自作自演事件』小学館／2012年
中河与一『天の夕顔』新潮文庫／2003年（改版）
野村進『調べる技術・書く技術』講談社現代新書／2008年
藤原章生『絵はがきにされた少年』集英社／2005年
本多勝一『カナダ＝エスキモー』朝日文庫／1981年
松永正訓『運命の子　トリソミー　短命という定めの男の子を授かった家族の物語』小学館／2013年
松永正訓『小児がん外科医　君たちが教えてくれたこと』中公文庫／2014年

松永正訓『いのちは輝く　わが子の障害を受け入れるとき』中央公論新社／2019年
松永正訓『発達障害　最初の一歩　お友だちとのかかわり方、言葉の引き出し方、「療育」の受け方、接し方』中央公論新社／2020年
松永正訓『どんじり医』CCCメディアハウス／2020年
松永正訓『ぼくとがんの7年』医学書院／2021年
松永正訓『患者が知らない開業医の本音』新潮新書／2023年
宮沢賢治『風の又三郎』Kindle版／2012年
山崎朋子『サンダカン八番娼館』文春文庫／2008年

主な参考文献

新井久幸『書きたい人のためのミステリ入門』新潮新書／2020年
石黒圭『文章は接続詞で決まる』光文社新書／2008年
石黒圭『段落論　日本語の「わかりやすさ」の決め手』光文社新書／2020年
井上ひさし『私家版　日本語文法』新潮文庫／1984年
井上ひさし『自家製　文章読本』新潮文庫／1987年
井上ひさしほか　文学の蔵編『井上ひさしと141人の仲間たちの作文教室』新潮文庫／2002年
岩佐義樹『毎日新聞・校閲グループのミスがなくなるすごい文章術』ポプラ社／2017年
岩淵悦太郎　編著『第三版　悪文』日本評論社／1979年
岡崎洋三『日本語とテンの打ち方』晩聲社／1988年
工藤美代子『読ませる自分史の書き方』幻冬舎新書／2016年
黒木登志夫『知的文章とプレゼンテーション　日本語の場合、英語の場合』中公新書／2011年
黒木登志夫『知的文章術入門』岩波新書／2021年

小泉保『日本語の正書法』大修館書店／1978年
古賀史健『取材・執筆・推敲　書く人の教科書』ダイヤモンド社／2021年
近藤勝重『書くことが思いつかない人のための文章教室』幻冬舎新書／2011年
佐藤友美『書く仕事がしたい』CCCメディアハウス／2021年
佐野眞一『私の体験的ノンフィクション術』集英社新書／2001年
佐野眞一『目と耳と足を鍛える技術　初心者からプロまで役立つノンフィクション入門』ちくまプリマー新書／2008年
更科功『理系の文章術　今日から役立つ科学ライティング入門』講談社ブルーバックス／2020年
清水幾太郎『論文の書き方』岩波新書／1959年
清水幾太郎『私の文章作法』中公文庫／1995年
清水義範『大人のための文章教室』講談社現代新書／2004年
白鳥和生『即！ビジネスで使える　新聞記者式伝わる文章術　数字・ファクト・ロジックで説得力をつくる』CCCメディアハウス／2021年
スクール東京『悪文・乱文から卒業する　正しい日本語の書き方』ディスカヴァー・トゥエンティワン／2018年
瀬戸賢一『書くための文章読本』インターナショナル新書／2019年
外岡秀俊『おとなの作文教室　「伝わる文章」が書ける66のコツ』朝日文庫／2018年
谷崎潤一郎『文章読本』中公文庫／1996年（改版）
竹内政明『「編集手帳」の文章術』文春新書／2013年
外山滋比古『日本語の論理』中公文庫／1987年
永江朗『インタビュー術！』講談社現代新書／2002年
中村明『センスをみがく　文章上達辞典　新装版』東京堂出版／2016年
野内良三『日本語作文術　伝わる文章を書くために』中公新書／2010年
野口悠紀雄『「超」文章法　伝えたいことをどう書くか』中公新書／2002年
馬場博治『実践　文章教室』大阪書籍／1987年
原沢伊都夫『日本人のための日本語文法入門』講談社現代新書／2012年

日垣隆『すぐに稼げる文章術』幻冬舎新書／2006年
廣川州伸『週末作家入門　まず「仕事」を書いてみよう』講談社現代新書／2005年
藤沢晃治『「分かりやすい文章」の技術　読み手を説得する18のテクニック』講談社ブルーバックス／2004年
藤吉豊・小川真理子『「文章術のベストセラー100冊」のポイントを1冊にまとめてみた。』日経BP／2021年
本多勝一『日本語の作文技術』朝日文庫／1982年
本多勝一『実戦・日本語の作文技術』朝日文庫／1994年
松林薫『迷わず書ける　記者式文章術　プロが実践する4つのパターン』慶應義塾大学出版会／2018年
丸谷才一『文章読本』中公文庫／1995年（改版）
三浦しをん『マナーはいらない　小説の書きかた講座』集英社／2020年
三上章『象は鼻が長い　日本文法入門』くろしお出版／1969年（改訂増補）
三島由紀夫『文章読本』中公文庫／1995年（改版）
吉田豪『聞き出す力』日本文芸社／2014年
鷲田小彌太『まず「書いてみる」生活　「読書」だけではもったいない』祥伝社新書／2006年

松永正訓（まつなが　ただし）

医師、作家。1961年、東京都生まれ。1987年、千葉大学医学部を卒業し、小児外科医となる。千葉大学医学部附属病院で19年間勤務し、約1800件の手術を手掛ける。2006年、「松永クリニック小児科・小児外科」を開院。日本小児外科学会・会長特別表彰など受賞歴多数。2013年、『運命の子 トリソミー 短命という定めの男の子を授かった家族の物語』で小学館ノンフィクション大賞を受賞。19年、『発達障害に生まれて 自閉症児と母の17年』で日本医学ジャーナリスト協会賞大賞を受賞。著書に『いのちは輝く　わが子の障害を受け入れるとき』（中央公論新社）、『小児がん外科医 君たちが教えてくれたこと』（中公文庫）、『呼吸器の子』（現代書館）、『患者が知らない開業医の本音』（新潮新書）など15冊ある。読売新聞の医療・健康・介護サイト「ヨミドクター」の連載では総計1億900万PVを達成。

1文《ぶん》が書《か》ければ2000字《じ》の文章《ぶんしょう》は書《か》ける

2023年７月20日　初版発行

著　者　松永正訓
発行者　杉本淳一

発行所　株式会社日本実業出版社　東京都新宿区市谷本村町３−29 〒162-0845

編集部　☎03-3268-5651
営業部　☎03-3268-5161　振　替　00170−1−25349
https://www.njg.co.jp/

印刷・製本／リーブルテック

ISBN 978-4-534-06025-9　Printed in JAPAN